Werner Lutz, Die Reise nach Elba

WERNER LUTZ

Die Reise nach Elba

CHRISTLICHES VERLAGSHAUS GMBH
STUTTGART

ABCteam

Bücher, die dieses Zeichen tragen, wollen die Botschaft von Jesus Christus in unserer Zeit glaubhaft bezeugen.

Das ABCteam-Programm umfaßt:
ABCteam-Taschenbücher
ABCteam-Paperbacks mit den Sonderreihen:
Glauben und Denken (G + D) und Werkbücher (W)
ABCteam-Jugendbücher (J)
ABCteam-Geschenkbände

ABCteam-Bücher erscheinen in folgenden Verlagen:
Aussaat Verlag Wuppertal / R. Brockhaus Verlag Wuppertal / Brunnen Verlag Gießen / Bundes Verlag Witten / Christliches Verlagshaus Stuttgart / Oncken Verlag Wuppertal / Schriftenmissions-Verlag Gladbeck

ABCteam-Bücher kann jede Buchhandlung besorgen.

1980
Gesamtherstellung: Druckhaus West GmbH, Stuttgart
ISBN 3-7675-2650-6

Erich möchte nicht nach Elba reisen

Erich Haller stand vor dem Thermometer im Büro der Firma Katzenmann in Frankfurt am Main und unterdrückte einen unschönen Kraftausdruck; denn die Quecksilbersäule zeigte 32 Grad Celsius im Schatten. Um dies zu erfahren, hätte er nicht von seinem Schreibtisch aufstehen und nachsehen müssen.

Von seiner glänzenden Glatze tropften stetig große Schweißtropfen auf seine starken Brillengläser und trübten die Sicht. Sein weißes Hemd – Erich trug im Büro grundsätzlich weiße Hemden, mit Krawatte natürlich – spannte sich schweißgetränkt um die Speckfalten seines Bauches. Er sah nicht schön aus. Erich wußte, daß sein Übergewicht ihn häßlich machte. Aber was konnte er dafür, daß er das war, was die Landwirte beim lieben Vieh einen guten Futterverwerter nannten? Und was konnte er dafür, daß die Waage jeden Morgen mit häßlicher Beharrlichkeit neunundsiebzig Kilo anzeigte, obwohl er nur einssechzig klein war? Er aß bestimmt nicht viel. Das Übergewicht kam nicht vom Essen. Er wußte: Es war die Folge des Trinkens, vor allem des Biers. Doch einen Trost braucht der Mensch. Jedenfalls rechtfertigte sich damit der kleine, dicke Mann vor sich selbst.

Erich unterdrückte also den fast begonnenen unfeinen Kraftausdruck, obwohl er allein im Zimmer war und ihn niemand gehört hätte. Seit seiner Eheschließung mit Hella, also seit siebzehn Jahren, gebrauchte er keine Kraftausdrücke mehr. Auch kleidete er sich stets korrekt, denn wenn man eine intelligente und schöne Frau hat, muß man etwas auf sich halten.

Es war jetzt 16.45 Uhr, und der Chef mußte gleich kommen. Er kam. Braungebrannt, geradewegs aus dem Urlaub in Spanien. Wenn der Chef hier war, machte Erich nur die Buchhaltung. Aber während dessen Abwesenheit hatte Erich auch die Organisation der neunzehn Fernlastzüge geleitet, die mit der Aufschrift SPEDITION KATZENMANN durch Europa fuhren. Er reichte Herrn Katzenmann die Disposition und die Übersicht über die vergangenen vier Wochen.

Herr Katzenmann strahlte.

»Sehr gut! Sehr gut!« sagte der Chef. »Sagenhaft! Keine einzige Leerfahrt. Das schaffe ich nie.«

Erich freute sich über dieses Eingeständnis. Er war überhaupt nicht übel, der Katzenmann. Es ließ sich gut mit ihm arbeiten.

»Wohin fahren Sie?« fragte der Chef.

»Nach Elba.«

»Au weia! Isola d'Elba!« machte der Chef mitfühlend. »Ist hier schon heiß genug! Wissen Sie, was ich nächstes Jahr mache? Sie erraten es nicht. Ich fahre in den Taunus. Nicht nach Spanien. Nicht nach Südfrankreich. Nicht nach Italien. Nicht nach Griechenland. Nicht nach Israel. Nicht nach Marokko. Sondern –«

»In den Taunus«, vollendete Erich verständnisinnig die Träumerei des erschöpften Spanienurlaubers.

»Nicht tausend, nicht zweitausend, nicht dreitausend Kilometer, sondern dreißig oder vierzig. Ein Zimmerchen im kühlen Wald neben einem Schwimmbad! Das wär's!«

»Ja«, seufzte Erich. »Das wär's!« Aber er mußte nach Elba reisen. Nicht dreißig, nicht vierzig Kilometer, sondern eintausenddreihundert mal zwei! Bei dieser Hitze! Es würde heute noch ein Gewitter geben. Voraussichtlich ein schlimmes.

Der Chef gab Erich die Hand. Der Urlaub hatte begonnen, wenigstens das, was in dem Terminkalender der Spedition Katzenmann so hieß. Aber Erich hatte davor Angst.

Die Reise nach Elba ist einfach zu teuer

Als Erich auf die Straßenbahn wartete, die ihn nach Bornheim bringen sollte, brannte die Sonne unbarmherzig auf ihn herab. Zwischen den heißen, hohen Häusern gloste die Hitze wie in einem Backofen. Schatten gab es nur auf der anderen Seite der Straße. Erich überlegte, ob er durch den Verkehr hindurch hinüberwechseln sollte. Aber jeden Augenblick mußte die Straßenbahn kommen. Er blieb also in der Sonne stehen.

Ein Junge neben ihm legte seine Schultasche schützend auf den Kopf. Erich tat so etwas nicht, obwohl sein Kopfweh, das ihn oft plagte, wieder heftiger wurde. Ein Mann muß Haltung haben. Er muß Hitze ertragen können. Alle Hitze des Lebens. Ein Mann braucht eine eiserne Disziplin. Mit solchen Sprüchen pflegte er sich selbst aufrechtzuhalten, wenn er nichts mehr hatte, woran er sich freuen konnte. Zu Hause würde er ein Kühles trinken, vielleicht auch zwei.

Erich fiel das Atmen schwer. Es war nicht nur die Hitze, die ihm Schwierigkeiten bereitete. Er hatte Geldsorgen. Er verdiente nicht schlecht. 2980,– DM brutto. Aber wenn man das durch sechs Personen teilte, blieben pro Kopf 496,66 DM. Brutto! Netto bekam er meist zwischen 2100,– DM und 2200,– DM heraus. Davon gingen die Miete ab und die Hausabgaben. So blieben ihm kaum 1600,– DM. Davon ab die Kosten der Elektrizität, so waren es noch 1300,– DM. Davon ab die Autokosten, so blieben 1100,– DM. Davon ab die freiwillige Rentenversicherung für Hella, die Lebensversicherung für ihn, die Privathaftpflichtversicherung und die Hausratversicherung. So blieben kaum tausend Mark zum Leben für sechs Personen in einem Monat. Zum Glück gab es das Kindergeld. Bei vier Kindern immerhin 360,– DM. Der Staat war gar nicht so schlecht! Aber wenn man 1300,– DM durch sechs teilte, so blieben fürs Essen, für Kleidung und Ausbildung der Kinder noch magere 216,– DM pro Person und Monat. Zweihundertsechzehn, und die Preise stiegen immer weiter. Die Teuerungsrate stand etwa bei fünf Prozent.

Erich putzte seine dicken Brillengläser, auf die wieder die Schweißtropfen fielen, mit seinem auch nicht mehr trockenen Taschentuch. Die Straßenbahn kam immer noch nicht, und die Hitze wurde unerträglich.

Normalerweise kam Erich mit dem Geld zurecht, aber die Reise nach Elba war einfach zu teuer. Sie hätte nicht kommen dürfen. Erstens hatte Erich schon einhunderttausend Lire bei der Reservierung eines Stellplatzes auf dem Campingplatz in der Bucht von Biodola anzahlen müssen. Zudem hatte Hella den teuersten Platz auf der Insel ausgesucht, weil sie in einer Beschreibung der Insel gelesen hatte, daß dies der schönste sei. Dann hatte Erich auf der Campingmesse einen aufklappbaren Zelt-Caravan gekauft, den billigsten natürlich, in dem zur Not sechs Personen Platz fanden. Aber runde 3500,– DM hatte er doch gekostet. Dann mußte er eine Anhängerkupplung an den Peugeot-Familiale 404 anbringen lassen. Wieder 438,– DM! Das war natürlich Unsinn, denn der alte Peugeot hatte nun 160000 Kilometer auf dem Buckel und begann überall zu rosten. Dann war die Campingausrüstung anzuschaffen: Kochgeräte, Klappstühle, Klapptisch, Liegen, Luftmatratzen, sportliche Kleidung, Schlafsäcke und ein Dachständer: zusammen mehr als 1500,– DM. Damit belief sich der Urlaub auf 5638,– DM ehe er begonnen hatte.

Erichs Girokonto war leer. Auf seinem Sparbuch hatte er noch eine müde Mark. Seine Gefühle wurden bitter.

Endlich kam die Straßenbahn.

Warum gibt Erich so viel Geld für Elba aus?

Durch die geöffneten Luftklappen der halbleeren Straßenbahn wehte etwas Fahrtwind. Erich starrte durch die schmutzigen Fensterscheiben auf die vorbeigleitenden Hauswände. Warum gab er so viel Geld für Elba aus? Warum hatte er dem Drängen Hellas nach einem Urlaub, der doch über ihre Verhältnisse ging, nachgegeben? Warum hatte er als Familienoberhaupt nicht einfach nein gesagt?

In den vergangenen Jahren hatten sie in einem Privathaus im Taunus drei Zimmerchen gemietet, oder auch nur zwei, wenn Martin und Karin gleichzeitig an einer Jugendfreizeit teilnehmen konnten. Es waren schöne Ferien gewesen. Und finanziell erträglich. Warum machte er es nicht wieder so?

Weil Hella es wollte. Er hatte ihr erklärt, daß es unverantwortlich sei, mit vier Kindern und einem alten Auto insgesamt dreitausend Kilometer durch halb Europa nach Süden zu fahren. Er hatte ihr die Kosten vorgerechnet. Aber sie blieb bei ihrem Wunsch: Elba. Immer nur Elba! Isola d'Elba! Er hatte an ihre Vernunft appelliert. Sie hatten Streit bekommen. Sie hatten sich angeschrien. Hella blieb bei ihrem Willen: Elba!

Erich wußte, daß sich hinter diesem Urlaubsziel etwas verbarg, was er nicht erkennen konnte. Das machte ihn unsicher. Er gab nach. Er kaufte die Ausrüstung und war nun blank.

An der Hauptwache mußte Erich umsteigen. Die nächste Bahn war gedrängt voll. Er mußte stehen, eingeklemmt zwischen schwitzende Menschen. Das ekelte ihn.

Er grübelte weiter: Hella wollte fort. Wenn sie nur aus Frankfurt hätte fort wollen, wäre das begreiflich gewesen. Die Stadt war unerträglich, besonders wenn es heiß war.

Aber er hatte das Gefühl, daß seine Frau auch von ihm fort wollte, ebenso von den vier Kindern, von der alten Mietswohnung in der lauten Straße. Überhaupt fort von diesem schmalen Leben, dessen Atmosphäre vom Sparen und Arbeiten geprägt war, von der Enge und vom Verzicht. Nur: Erich wußte nicht, ob dies eine Reaktion der Erschöpfung war oder ob dahinter ein anderer Mann steckte. Einer, der viel Geld hatte. Einer, der ihre Wünsche erfüllen konnte. Erich hatte dafür zwar keinen Anhaltspunkt, aber es war ihm klar geworden, daß er mit seinem wenigen Geld, mit seiner einfachen Schulbildung und seiner plumpen Figur auf Hella keinen Eindruck mehr machen konnte. Sie waren nun siebzehn Jahre verheiratet. Hella war siebenunddreißig, er war vierzig. Er hatte kürzlich ein Elternseminar in seiner Kirchengemeinde besucht und auch viel über die midlife-crisis gehört. Offenbar hatte diese Krise bei ihnen begonnen.

Deshalb hatte er nachgegeben und die teure Campingausrüstung gekauft. Vielleicht war Hella wieder zufriedener, wenn sie unter dem südlichen Himmel am Mittelmeer drei Wochen lang gezeltet hatte. Erich hoffte es sehr.

Ich liebe sie nach wie vor, dachte er, als er aus der Straßenbahn stieg. Vielleicht hilft Elba, damit unsere Ehe wieder besser wird.

Hella kauft Strandkleider und verbraucht das letzte Geld

Während Erich mit der Straßenbahn nach Hause fuhr, entdeckte Hella beim Packen seinen braunen Geldbeutel, in dem er sein letztes Bargeld – 380 Mark, 250 Schweizer Franken und 850000 Lire – für die Reise aufbewahrte.

Als Hella das Geld sah, dachte sie daran, daß sie keines

der hübschen Strandkleider besaß, die zur Zeit in den Schaufenstern angeboten wurden. In der Kaufhalle hatte sie wunderschöne, reizende Strandkleidchen gesehen und sich energisch abgewandt. Danach war in ihr Bitterkeit aufgestiegen, weil sie immer zurückstehen mußte, seit die Kinder da waren. Immer kamen die Kinder zuerst. Immer blieb nichts für sie übrig, wenn die Kinder ausgerüstet waren. Sie war es satt, bei Erich dauernd um Geld zu betteln. Wenn er die Arbeit bezahlen müßte, die vielen Stunden, die sie in diesem Sechs-Personen-Haushalt ableistete, hätte er mehr auszugeben, als er verdiente.

Kurzentschlossen nahm Hella das deutsche Geld aus Erichs Geldtasche, setzte sich ins Auto und fuhr in die City, um in der Kaufhalle Strandkleider zu kaufen. Sie war auch jemand! Nicht das Aschenputtel für alle!

Sie fand für den langen Wagen einen Parkplatz im Parkhaus, betrat die Kaufhalle, wählte sich drei bunte Strandkleider aus und probierte sie in einer Ankleidekabine an.

Sie sah gut aus, als sie sich so im Spiegel betrachtete. Sie war nicht größer als Erich, aber schlank und wohlproportioniert. Sie wäre auch so dick wie Erich, wenn sie nicht ständig Diät essen würde. Ein paar Fältchen an den Augen. Aber sonst? Sie war noch jung. Sie war noch nicht alt. Sie wollte noch leben!

Zufrieden strich sie sich durch ihr weiches, blondes Haar, lächelte sich an, so daß in ihren Wangen Grübchen entstanden. Sie kräuselte ihr Stupsnäschen. Ihre blauen Augen strahlten sie an. So würde sie am Strand gut aussehen! Morgen ging es nach Elba! Morgen in aller Frühe!

An der Kasse erschrak sie doch, als sie 360,– DM bezahlen mußte, wischte aber das unangenehme Gefühl, vielleicht doch etwas Falsches getan zu haben, schnell weg. Es waren ja noch zwanzig Mark übrig. Und die vielen Lire. Was sollte es?

Ein Liedchen summend, fuhr sie den Peugeot aus dem Parkhaus. Sie war glücklich. Morgen! Blauer Himmel, Felsen, Buchten und das rauschende Meer! In ihrer Träumerei befangen, stieß sie mit dem rechten Vorderrad so hart gegen einen Bordstein, daß das Rad auf den Gehweg aufsprang. Sie lenkte ihr Fahrzeug wieder herunter und fuhr nach Hause. Was sollte es? Heute war der letzte Schultag gewesen. Morgen ging es nach Elba! Das Meer! Das Mittelmeer! Sie hatte es noch nie gesehen.

Martin muß die achte Klasse wiederholen

Als Erich in der engen heißen Straße, in der sie wohnten, aus der Straßenbahn stieg und auf das hohe, graue Mietshaus zuging, in dessen viertem Stock ihre Wohnung lag, vermißte er den Peugeot, der normalerweise vor dem Haus auf der Straße parkte.

War Hella noch weggefahren?

Hoffentlich kam sie bald, denn Erich mußte vor Geschäftsschluß den Zeltcaravan beim Händler holen. Der Händler machte um 18.00 Uhr zu. Erich sah auf seine Uhr. Es war jetzt 17.40 Uhr. Er hatte nicht viel Zeit.

Schwer atmend stieg der dicke Mann die vierundsechzig Treppenstufen zum vierten Stock des Hauses hinauf und schloß die Glastür seiner Wohnung auf. Er traf nur Martin an, der am Fenster stand und hinausstarrte. Martin wandte sich nicht um, als sein Vater hereinkam.

Auf dem Teppich des Wohnzimmers lagen fein säuberlich nebeneinandergeordnet die Camping-Utensilien, die sie für die Reise nach Elba benötigten: Spaten, Beile, Zeltpflöcke, Schnüre, Lampen, Kocher, Gasflasche, Gaslicht-Patronen, Kochgeschirre, Wasserkanister.

»Tag, Junge!« sagte Erich. Er freute sich immer, wenn er seinen ältesten Sohn sah, diesen blonden, hochaufwachsenden jungen Mann, der mit seinen vierzehn Jahren schon fast einen Kopf größer war als Erich und doch nie auf seinen Vater herabsah.

Martin antwortete nicht auf des Vaters Gruß.

»Du hast den ganzen Kram schon zusammengetragen«, sprach Erich weiter. »Gut! Sehr gut! Wo ist Mutter?«

Jetzt wandte sich Martin seinem Vater zu. Erich sah in des Sohnes Gesicht Spuren geweinter Tränen. »Dad!« sagte Martin. »Ich bin sitzengeblieben.« Er reichte seinem Vater das heute erhaltene Zeugnis.

Erich hatte gewußt, daß das so kommen würde. Er war von der Schule benachrichtigt worden und hatte dies auch Martin mitgeteilt, aber der Junge hatte bis heute gehofft, daß er doch noch durchkommen würde. Nun war er bis in den Grund seines jungen Herzens verzweifelt.

»Tja, mein Junge«, sagte Erich. Ruhig nahm er Martins Zeugnis entgegen. Er übersah flüchtig das weiße Blatt, auf dem die Urteile standen, die in des Sohnes Herz so viel Jammer brachten, und sagte: »Du kannst nichts dafür. Du hast fleißig gelernt. Du bist wie ich. Ich blieb auch sitzen.«

»Du?«

»Ja. Ich mußte die Siebte wiederholen. Und das in der Volksschule. Wir mußten damals nicht soviel lernen wie ihr. Aber ich hatte nicht mal das geschafft. Und ich komme trotzdem durchs Leben. Die Schule ist nicht alles, Junge!«

Erich schloß das Zeugnis grimmig in eine Schublade und zischte: »Mistschule! Elende!« Dann sah er seinem Sohn in die Augen: »Du wirst die Achte wiederholen. Dann hast du eine gute Basis für die Neunte. Das Zeugnis der Neunten ist wichtig, um eine Lehrstelle zu bekommen. Mit der Zehnten hast du die mittlere Reife, egal wie. Die Lehrstelle schnappen wir uns vorher, o. k.?«

Aus Martins Gesicht wich die Verzweiflung. Er versuchte zu lächeln.

»Dad, danke!«

»Schon gut. Wenn man zusammenhält, ist man stark.«

»Ja, Dad.«

Erich sah auf die Uhr. »Wo bleibt nur Mutter? Wir müssen den Anhänger holen.«

»Sie wollte noch Strandkleider kaufen«, antwortete Martin unsicher, denn er wußte, daß das sein Vater nicht gerne hören würde. Schnell sprach er weiter: »Ich habe einen elektrischen Gasanzünder gekauft. Ich dachte, wir könnten im Zelt nicht mit Streichhölzern hantieren. Ein Zelt brennt schnell.«

»Kosten?« fragte Erich. Die Ausgaben hörten einfach nicht auf.

»Zweiachtzig mit Batterie. Ich habe in drei Geschäften verglichen.«

»Sehr gut!« lobte Erich erleichtert. Wenn eine neue Ausgabe in Sicht kam, wurde er nervös. Er sah auf die Uhr.

Martin hat Angst um seine Eltern

»Wollen wir packen, bis Mutter kommt«, forderte Erich seinen Sohn auf und zog leichte Freizeitkleidung an. »Wenn es nicht gerade Elba sein müßte und wir nicht am Freitag um 7.20 Uhr mit der Fähre von Piombino abfahren müßten, könnten wir alles ganz gemütlich machen. Aber Mutter wollte partout auf diese Insel, so daß wir nun wieder auf Zeit fahren und der Streß auch im Urlaub nicht aufhört!«

Martin erschrak. Er hörte den verborgenen Grimm, den er seit geraumer Zeit zwischen seinen Eltern empfand. Er begriff dies nicht. Dad war o. k.! Musch war o. k.! Martin liebte beide. Er hatte überhaupt ein weiches Herz. Er liebte auch Karin, obwohl sie hochnäsig auf ihn herabsah. Er liebte Bigi, das freche Gör, und besonders den bleichen, kleinen Dani. Er liebte auch den Peugeot, das gute alte Auto, das ihre große Familie, seit Martin sich erinnern konnte, befördert hatte. Wenn er Haß spürte, konnte er kaum atmen.

»Ich finde es Klasse, daß ihr mit uns nach Elba fahrt!« sagte Martin schnell, um des Vaters Ärger zu mildern. »Das ist abenteuerlich. Das ist einfach Spitze! So was machen nicht viele Eltern!«

Erich antwortete nichts. Sie packten die Koffer und diskutierten, welche Kleidungsstücke man unbedingt brauchte, denn der Platz für Gepäck war knapp, wenn man das Auto mit sechs Personen besetzte.

»Du gehst nicht gern nach Elba?« fragte Martin leise.

»Nein.«

»Warum nicht? Das ist doch sagenhaft!«

»Ich bin nicht mehr jung. Ich fühle mich alt. Ich fühle mich auch nicht recht gesund. Es ist mir einfach zu viel.«

»Warum gehst du trotzdem?« fragte Martin weiter. Es war ihm nicht einerlei, wie es seinem Vater ging.

»Ihr werdet größer. Ihr wollt etwas sehen von der Welt. Auch Mutter. Ich möchte euch das nicht versagen.«

»Danke, Dad! Ich helfe dir, wo ich kann. Du mußt nur sagen, wo ich etwas tun kann. Ich war schon viermal auf Jungschar-Zeltlagern. Zelten ist schön. Du wirst sehen, es macht Spaß. Meinst du, wir sollten die gelben Regenumhänge mitnehmen?«

»Unbedingt.«

Erich freute sich über den Jungen. Anderthalbjahrzehnte lang hatte er nur für die Kinder gelebt. Damit die Familie beisammen bleiben sollte, hatte er sogar den siebensitzigen Wagen gekauft, obwohl das Auto eigentlich für ihn auch zu teuer war. Immer war sein oberster Grundsatz die Pflege der Familie gewesen. Nun kam von Martin ein Echo. Das war schön! Aber ob Erichs Bestreben bei Karin Erfolg haben würde, und ob Hella sich weiterhin in dieser Zielrichtung bewegen würde, war noch nicht entschieden.

Martin hob lauschend den Kopf. »Der Peugeot!« rief er. »Gehen wir los?«

»Ja.«

Sie ließen alles liegen und eilten die Treppen hinab. Unter der Haustüre kam ihnen Hella mit einem großen Paket entgegen. Erich unterdrückte einen Vorwurf, weil sie so spät das Auto brachte. Man muß sich Mühe geben, Spannungen zu entschärfen! Man muß bei sich selbst beginnen, dachte Erich, aber einen fragenden Blick auf das große Paket zu richten, konnte er nicht unterlassen.

»Ich habe noch etwas gekauft«, sagte Hella. Sie war plötzlich schuldbewußt wie ein kleines Mädchen, das beim Zuckernaschen ertappt wurde. Dann raffte sie sich auf. Welches Recht hatte Erich, so vorwurfsvoll zu schauen? »Ich habe mir Strandkleider gekauft!« behauptete sie sich trotzig.

»Wieviel hast du ausgegeben?«

»Dreihundertsechzig.«

Erich hielt sich am Treppengeländer fest. Bitter sagte er: »Das war mein letztes deutsches Geld!« Er ging an seiner Frau vorbei zum Auto, um den Anhänger zu holen. Er hatte noch zehn Minuten, bis die Firma schloß.

Martin stand verzweifelt zwischen seinen Eltern.

»Es tut mir leid«, sagte er zu seiner Mutter. »Ich hätte dir gerne das Paket hinaufgetragen. Aber wir müssen den Anhänger holen. Die machen zu.«

Er lief zum Wagen, dessen Motor schon lief. Sein Vater fuhr zornig an. Martin saß verzweifelt daneben. Er hätte heulen können. Er faltete seine Hände und betete für seine Eltern.

Der neue Zelt-Caravan bringt Ärger ins Haus

Erich und Martin mußten durch halb Frankfurt fahren, um die Niederlassung zu erreichen, die den Anhänger verkaufte. Bei jeder roten Ampel wurde Erich nervöser. Wenn sie heute den Anhänger nicht mehr bekamen, kamen sie am Freitag in Piombino nicht aufs Schiff!

Der Caravanhändler wollte gerade die Tore schließen, als sie dort eintrafen. Er übergab ihnen den Zelt-Caravan. Dieser war zugelassen und fahrbereit, aber sie hatten noch keine Gelegenheit gehabt, selbst das Zelt aufzuklappen und den Anhänger aufzustellen. Sie erhielten eine dicke Gebrauchsanweisung, in der alles genau beschrieben war, illustriert und mit viel Text in drei Sprachen.

Der Händler sagte. »Es ist ganz einfach. Sie brauchen nur der Gebrauchsanleitung zu folgen. Erst rechts ausklappen, dann links ausklappen, dann die Stangen herausziehen. Es steht alles drin. Wenn jemand vorliest und ein anderer es tut, geht es ganz leicht. Sie sind ziemlich spät gekommen.«

Der Verkäufer half ihnen, den Anhänger auf die Kupplung zu legen und zeigte, wie man den elektrischen Stekker in der Vorrichtung anbringen mußte. Als sie den Hänger mit dem Peugeot verbunden hatten, machten sie eine Lichtprobe. Die Bremsleuchten funktionierten nicht. Der Händler erklärte, überlegen lächelnd, daß dieser Caravan eine Auflaufbremse habe und die Bremslichter erst aufleuchteten, wenn der Hänger näher an den Zugwagen herangerückt wird. Erich schämte sich, daß er so etwas nicht wußte. Der Händler hatte es jetzt eilig. Es blieb keine Zeit für Rückfragen.

Vorsichtig fuhr Erich das Gespann durch die Stadt. Er hatte das ungute Gefühl, nicht gut beraten worden zu sein. Martin dachte das gleiche. Er sagte: »Dad, das kann nicht stimmen. Die Bremsleuchten müssen mit denen des Wagens aufleuchten.«

Aber was sollten sie jetzt machen? Die Freude an dem neuen Zelt-Caravan wurde kleiner.

Als sie durch eine enge Kurve fuhren, klirrte es hinter ihnen. Erschrocken hielten sie an und stiegen aus. Der Handbremshebel hatte sich von der Deichsel gelöst und schleifte, am Sicherheitsseil hängend, auf der Straße.

Das war für Erichs strapazierte Nerven zu viel. Er schimpfte los. Er schimpfte über den Hänger und die unsolide Firma und daß man eben, weil man nie genug Geld hatte, das billigste Lumpenzeug kaufen mußte! Einige Meter weiter stand eine Telefonzelle. Erich stürmte hinein und wählte die Nummer des Händlers. Aber dort nahm niemand ab. Deprimiert kam er aus dem gelben Gehäuse.

»Wie soll das gehen? Wenn wir nicht ausgerechnet Elba gewählt hätten und am Freitag um 7.20 Uhr mit der Fähre von Piombino abfahren müßten, könnten wir morgen in aller Ruhe den Hänger reparieren lassen. Aber es mußte partout Elba sein! Nun geht der Streß mit den Terminen ebenso weiter, als ob ich im Büro wäre! Und so etwas nennt man Ferien!« schimpfte Erich erbittert seinen dauernden Vorwurf.

Martin schmerzte es, daß dieser Zornausbruch des Vaters gegen Mutter gerichtet war. Mit seiner unsicheren, rauhen Stimmbruchstimme sagte er besänftigend: »Wir könnten die Teile suchen, die weggefallen sind. Es hat eben erst geklirrt. Sie können nicht weit weg liegen.«

Sein Vater stimmte zu. Zum Glück war der Verkehr an diesem heißen Abend nach dem Berufsverkehr nicht so stark wie sonst an dieser Stelle. Martin konnte zwischen den einzelnen fahrenden Autos den abgefallenen Zahnkranz und einen Karabinerverschluß auf der Straße entdecken und holen. Er steckte die Teile wieder auf den Haltebolzen an der Wagendeichsel und ließ den Federverschluß einrasten.

Glücklich sah er seinen Vater an.

Dann sagte er: »Siehst du, Gott hilft uns!«

Erich hob erstaunt die Augenbrauen. Der Junge hatte mehr Gottvertrauen als er selbst. Martin brachte alle Vorgänge mit Gott in Verbindung, ganz so, wie es der Pfarrer zu empfehlen pflegte. Auch einen verlorenen Zahnkranz.

Erich konnte das nicht mehr. Er wußte, daß er nicht nur in einer Ehekrise stand, sondern auch in einer Glaubenskrise. Dabei half es ihm nichts, daß er Mitglied des Kirchengemeinderats war. Zur Zeit half ihm überhaupt nichts. Er war unten.

Als sie den ungefähr sieben Meter langen Zug vor dem Haus parkten, eilte Hella die Treppe herunter. Zärtlich streichelte sie die braune Abdeckplane des Zelt-Caravans. Träumend sagte sie: »Nun sind wir nicht mehr in der Enge dieser Straße gefangen. Nun steht uns Europa offen!«

Erich lächelte spöttisch. »Zuerst müssen wir schauen, daß wir die Bremslichter zum Brennen bringen. Die Handbremse fiel auch schon weg. Wir haben vermutlich einen Montagswagen bekommen.«

Hella fragte erschrocken: »Ist er nicht gut?«

»Doch, doch«, sagte Martin schnell. »Ich sehe nach den Bremsleuchten. Sicher ist das nur eine Kleinigkeit.«

Der Junge kroch unter den Anhänger. »Dad! Gib mir bitte einen kleinen Schraubenzieher, einen ganz kleinen. Hier unten ist nur ein Kabel los.«

Erich reichte ihm das Gewünschte. Dann: »Dad, betätige bitte die Bremse!«

Erich tat es.

»Sie brennen!« rief Hella glücklich. »Sie brennen alle beide!«

Martin kroch unter dem Anhänger hervor.

»Bist ein guter Kerl«, lobte ihn sein Vater. Der Junge freute sich. Er dachte: Wenn es mit der Schule heute auch nicht gut ging – aber das mit dem Hänger habe ich geschafft! Der Tag ging nun doch noch gut aus. Das Beten hatte doch einen Sinn.

Aber da fragte Erich: »Wo ist denn Karin? Und Bigi? Und Dani?«

Karin sitzt im Sessel und liest Zeitung

»Karin ist oben und liest die Zeitung«, sagte Hella.

»Jetzt, wo wir alle Hände voll zu tun haben?« fragte Erich empört. »Und Bigi? Und Dani?«

»Die sind noch im Park«, berichtete Hella weiter. »Karin sollte auf sie aufpassen, hat sie aber heute nachmittag verlassen und sich bei ihrer Clique aufgehalten.«

»Warum hast du sie nicht gleich losgeschickt, um die Kleinen zu holen?« fragte Erich.

»Ich tat es«, seufzte Hella. »Aber sie ging einfach nicht. Sie wollte zuerst die BILD lesen.«

Erichs Gesicht wurde böse. Zornig schnaufte er die vierundsechzig Stufen hinauf, um das fünfzehnjährige Fräulein Tochter in die Pflicht zu nehmen.

Karin saß inmitten halbgepackter Koffer, Reisetaschen und herumliegendem Zubehör in einem Sessel, hatte die Beine übereinander geschlagen und las Zeitung.

»Karin!« rief Erich.

Sie ließ die Zeitung auf die Knie sinken und hob herausfordernd die gepflegten Augenbrauen über ihren beerschwarzen, mandelförmigen, fast asiatisch wirkenden Augen. Selbst jetzt, da ihr Vater sich sehr über sie ärgerte, beeindruckte ihn ihre seltsame Schönheit. Sie trug die langen, tiefschwarzen Haare streng zurückgekämmt und band sie in einen keck wippenden Pferdeschwanz, was zwar zur Zeit nicht Mode war, aber ihre Selbständigkeit demonstrierte und ihr Gesicht trotz der betonten, hohen Backenknochen schmal und schlank wirken ließ. Ihre vollen, roten Lippen bogen sich zu einem hochmütigen Lächeln.

Trotzdem war Erich gegenüber seiner schönen Tochter wehrlos. »In der BILD steht«, sagte Karin leichthin, »daß es in Italien kein Benzin mehr gibt.«

»In der BILD stand schon vieles«, entgegnete Erich. »Vielleicht machten ein paar Tankstellen gerade Siesta, als der Reporter vorbeifuhr.«

»Sag das nicht!« erwiderte sie streitlustig. »Die BILD ist ein ernstzunehmendes Blatt.«

Erich sah sie überrascht an. Wenn das er gesagt hätte, hätte sie ihn einen Spießbürger genannt. Warum war sie so? Warum provozierte sie ihn, wo sie nur konnte? Sie war kein Kind mehr. Sie wollte sich freimachen von ihren Eltern. Das verstand Erich. Aber warum so heftig und giftig? Wie jetzt, da es eilte und sie sich in einen Sessel setzte, um Unglücksnachrichten zu finden, die die ohnehin verdüsterte Urlaubsstimmung noch mehr belasteten.

»Karin, hol bitte die Kinder aus dem Park!« befahl Erich.
»Wieso ich? Das kann Martin machen!«
»Martin hilft mir schon seit Stunden.«
»Ich will jetzt noch etwas fernsehen.«
Erichs Hand zuckte. Er hätte Karin am liebsten geohrfeigt. Doch so etwas tut man nicht. Das Mädchen war fünfzehn. Er wandte sich ab und ging die Treppen hinunter.

Karin sah ihm triumphierend nach. Sie siegte fast immer über ihn. Sie betrachtete ihren Vater als einen kleinen, schwächlichen Bürotrottel. Sie hörte, daß der Motor ihres Autos gestartet wurde. Sie trat ans Fenster und sah hinunter. Die Eltern fuhren mit Martin los, wohl zum Park, um die Kleinen zu holen. Der Zelt-Caravan sah von oben klein aus.

»Tü!« machte Karin. »Klein und mickrig, wie alles, was er macht.«

Bigi spielt mit Dani Sklave

Auf der kurzen Strecke zum Günthersburgpark sprach Erich kein Wort. Erstens, weil er die neue Fahrtechnik, die der Anhänger erforderte, einüben mußte; zweitens, weil die dumpfe Depression wieder über ihn kam, die ihn oft unangemessen reagieren ließ. Das blieb also übrig, wenn man ein Kind fünfzehn Jahre lang ernährt, gekleidet, die Ausbildung ermöglicht und ihm alle Möglichkeiten für eine freie Entwicklung gewährt hatte. Erich wurde sehr bitter.

Er biß die Zähne zusammen, um nicht auszusprechen, was er empfand. Er wollte sich beherrschen. Er hatte diesem Urlaub zugestimmt. Nun mußte er auch nachgeben, um mit Karin im Frieden unter dem kleinen Zeltdach auszukommen. Er wollte auch nicht ungerecht sein. Er wollte positiv denken. Immerhin hatte Karin aus der neunten Klasse des Gymnasiums ein sehr gutes Zeugnis heimgebracht, einen Durchschnitt von 1,8, während Martin wiederholen mußte. Nein, er durfte nicht ungerecht sein! Intelligent war das Mädchen. Lernen tat es fleißig. Und schön war Karin. Beängstigend schön. Positiv denken, Erich!

Beim Günthersburgpark angekommen, trennten sich Hella, Erich und Martin, um die Kleinen in den Scharen der spielenden Kinder zu suchen. Erich entdeckte sie zuerst und war entsetzt, denn Bigi saß, die Stirn mit einem aus Wiesenblumen und Gräsern geflochtenen Siegeskranz geschmückt, auf einem Stein. Vor ihr kniete, nur mit seinem weißen Unterhöschen bekleidet, Dani. Das magere, schmächtige Körperchen des Vierjährigen sah erbarmungswürdig aus, als der Junge so kniete, das Köpfchen tief vor Bigi gebeugt, daß seine dunklen Haare in die Stirn hingen. Bigi wies mit einem Zweig, den sie von einem Busch gerissen und entblättert hatte, so daß er wie eine Rute wirkte, zum Springbrunnen und sagte etwas, was Erich nicht verstehen konnte. Sie drückte Dani eine Spielzeugschüssel aus Plastik zwischen die Zähne. Wie ein Hund kroch der kleine Bruder auf Knien und Ellbogen durch das Gras zum Wassbecken.

Ein triumphierendes Lächeln lag auf Bigis rundem, sommersproßigen Kindergesicht. Die gleichen blonden Haare, wie sie ihre Mutter hatte, umrahmten in kurzem Pagenschnitt ihr Gesicht, das von Selbstbewußtsein und Unbekümmertheit geprägt war.

Die Nachgiebigkeit Danis war nicht gut für die herrschsüchtige Sechsjährige.

»Bigi!« rief Erich streng. »Was tust du?«

»Wir spielen Sklave. Ich bin die Herrin. Dani ist mein Sklave. Er muß mir dienen.«

Erich griff hart nach des Kindes Arm und riß es hoch. Er riß ihr den Kranz von der Stirn und warf ihn weit weg. »Das ist häßlich, was du tust!« sagte er. »Andere unterdrücken ist böse. Ist das klar?«

Bigi senkte das Köpfchen. »Ja«, sagte sie. Aber Erich sah nicht, daß sie so lächelte, wie Karin gelächelt hatte, als er die Treppe hinuntergegangen war.

Erich holte Dani und half ihm, das Hemdchen und Höschen anzuziehen.

Nun kamen Hella und Martin. Sie gingen zum Auto, zeigten den Kindern den Anhänger und fuhren nach Hause. Erichs Empfindungen waren durch das Erlebte nicht heller geworden. Sie spielten alle Sklave mit ihm. So wie Dani die Plastikschüssel auf allen Vieren zum Brunnen tragen mußte, so muß ich morgen mit diesem langsamen, schwerfälligen Zug nach Elba fahren. Und ich kann so wenig aufmucken wie Dani. Sonst zerbricht alles.

Der Radschaden hätte nicht kommen dürfen

Nun halfen alle beim Packen des Autos mit, außer Karin. Sie saß vor dem Fernseher, um die Tagesschau zu sehen, weil man ja wissen mußte, was in der Welt geschah, wenn man ins Ausland fuhr. Die anderen schleppten das Gepäck hinunter und mühten sich ab, alles irgendwie im Stauraum des Anhängers, in dem kleinen Gepäckraum des Peugeot, der übriggeblieben war, nachdem die dritte Sitzbank aufgeklappt werden mußte, und auf dem Dachständer des Autos unterzubringen.

Jetzt erschien auch Karin und verkündete strahlend:

»Im Fernsehen kam soeben, daß die Fähren in Italien streiken. Nach Korsika und Sardinien und Sizilien fahren keine Autofähren mehr.«

»Und nach Elba?« fragte Erich.

»Von Elba kam nichts. Aber sicher streiken sie auch dort.« Karin lächelte überlegen. Warum, wußte niemand.

Hella sah ihre Tochter erschrocken an, unendlich enttäuscht.

»Wir werden sehen«, sagte Erich ruhig. »Wenn wir nicht auf die Insel kommen, zelten wir eben auf dem Festland.«

»Und die Anzahlung für den Campingplatz?«

»Ist futsch«, sagte er trocken.

Hella begann zu weinen. »Ich bin an allem schuld«, schluchzte sie. »Du wolltest in Deutschland bleiben. Aber ich wollte nach Elba. Immer wollte ich nach Elba. Warum nur?«

»Vielleicht wolltest du mit Napoleon flirten«, spottete Karin. »Vielleicht genügt dir Vater mit seinem dicken Bauch nicht mehr.« Sie klopfte gönnerisch mit dem Handrücken auf Erichs ansehnliches Bäuchlein. Seine Augen wurden schmal, aber er beherrschte sich.

Hella blickte entsetzt ihre große Tochter an. Hella wußte nicht, was sie sagen sollte. Sie hätte scherzhaft antworten können, denn Napoleon war ja nun wirklich tot. Aber es fiel ihr nichts ein. Das beunruhigte Erich wieder, denn sie war sonst recht schlagfertig. Sollte sie sich doch nach einem anderen Mann sehnen?

Er reichte Martin eine Plane auf das Dach des Wagens, damit sie der Junge über die Koffer breite und windsicher festzurre. Es wurde dunkel. Die Straßenlaterne über ihnen schaltete sich ein. Sie waren schweißgebadet und erschöpft. Die Temperatur war nicht gesunken.

Hella ging mit den Kleinen hinauf.

Erich und Martin überprüften das schwerbeladene Fahrzeug. Im Schein ihrer Taschenlampen sahen sie, daß der rechte Vorderreifen beschädigt und der Felgenrand eingedrückt war.

»Auweia!« sagte Erich. »So etwas habe ich noch nie gesehen. Mutti muß gewaltig gegen einen Bordstein gedonnert sein. Hoffentlich ist nur dieses Rad unbrauchbar und nicht die ganze Spur verdorben. Warum hat sie nichts davon gesagt? Wenn sie schon nicht fahren kann, könnte sie so etwas wenigstens sagen. Dann hätten wir die Räder wechseln können, ehe der Wagen beladen war. Vielleicht hätten wir noch ein neues Rad bekommen. Jedenfalls, mit diesem Rad können wir nicht fahren.«

»Machen wir das Reserverad drauf?« fragte Martin.

»Das ist total abgefahren.«

»Hat der Peugeot schlauchlose Reifen?«

»Nein. Schläuche. Sonst wäre die Luft bei dieser Felge schon längst entwichen.«

»Dann wechseln wir doch von vorne nach hinten«, schlug Martin vor. »Ein Platter auf dem Hinterrad ist nicht so gefährlich wie vorne. Vielleicht können wir unterwegs ein neues Rad kaufen. Was kostet das?«

»Hundertachtzig, zweihundert.«

»Auweia, auweia!«

»Also: zuerst das Reserverad raus, dann den rechten hinteren Reifen runter und das Reserverad drauf, dann das Vorderrad runter und das Hinterrad vorne drauf, dann das Reserverad wieder runter und das Vorderrad drauf. Dann das Reserverad wieder verstauen. Und das bei beladenem Wagen!«

Sie machten sich an die Arbeit. Den beladenen Wagen zu heben, war nicht ungefährlich. Die Halterung des Reserverads war verrostet. Erich mußte sich unter den schmutzigen, ölverschmierten Wagen legen. Als der Zug wieder fahrbereit war, war es Mitternacht. Erichs Hände zitterten nervös. Das mit dem Rad hätte nicht kommen dürfen.

Im Bad hatte er große Mühe, die Hände und das Gesicht von dem fettigen schwarzen Schmutz zu reinigen. Als er schließlich ins Bett sank, um noch – wenn möglich – drei Stunden zu schlafen, fragte Hella: »Warum kommst du so spät?«

»Weil du mir das angetan hast«, antwortete er bitter.

Sie richtete sich schlaftrunken auf und fragte ahnungslos: »Was?«

»Das Rad!«

»Welches Rad?«

»Du bist doch gegen einen Bordstein gefahren.«

»Ja. Etwas drangekommen schon.«

»Du bist gut. Etwas drangekommen. Eine so schlimm zugerichtete Felge habe ich noch nie gesehen!«

»Deshalb brauchst du kein solches Theater zu machen. Ich werde im Urlaub keinen Meter fahren! Keinen Meter!«

Er hatte keine Lust, zu streiten. Er wandte sich von ihr ab und versuchte einzuschlafen. Es ging nicht. Bitter lagen sie nebeneinander und dachten die schon zu festen Abläufen gewordenen Gedanken der Vorwürfe gegeneinander.

Hella und Erich finden keinen Schlaf

Hella war bitter enttäuscht, weil Erich mit seiner kleinlichen, geizigen Art ihr alle Freude am Urlaubsbeginn verdorben hatte. Ein anderer Mann hätte eine Flasche Sekt entkorkt und ein kleines Fest gemacht, wenn er solch eine schöne Anschaffung wie diesen Zelt-Caravan nach Hause gebracht hätte. Aber Erich schimpfte nur, weil da irgendeine Kleinigkeit nicht gleich klappte. Er war ein Spießer geworden, der bei allem und jedem immer zuerst fragte, was es kostet, und, wenn man es hatte, statt dankbar zu sein, nachrechnete, ob man es nicht hätte billiger haben können. Karin durchschaute das und verachtete ihn.

Und sie selbst? Wenn die beiden Kleinen nicht wären, ginge sie fort. Sie wollte so nicht immer weiter leben. Sie hatte nur ein Leben. So wollte sie es nicht verbringen, so kleinlich, so erbärmlich. Sie hatte sich dieses anders gedacht. Sie hatte von Reisen geträumt. Aber mit Erich war sie nie weiter als in den Taunus und den Bayerischen Wald gekommen. Nun hatte sie ihn dazu gebracht, den Camping-Anhänger zu kaufen, und wageschah? Nichts als Gejammer über die großen Ausgaben. Er sollte sein Biertrinken einstellen, damit könnte man viele große Reisen finanzieren! Er war nicht nur geizig, er hatte auch Angst. Angst vor der Ferne, Angst vor den Bergen und dem Meer. Er war in seinem Büro ein kleiner Spießbürger geworden.

Hella versuchte zu schlafen, aber sie konnte nicht.

Sie hatte ihren Mann richtig beurteilt. Er hatte Angst vor dem Abenteuer. Er lag von ihr abgewandt auf der linken Seite und erlebte in seiner Phantasie alle möglichen und unmöglichen Gefahren. Es war nicht zu verantworten, was er vorhatte! Er wollte mit dem alten, überladenen Peugeot und dem Anhänger ohne Erfahrung über die Alpen nach Italien fahren! Wird der alte Wagen das überhaupt schaffen? Der St.-Gotthard-Paß wäre schwierig zu befahren, hatte er gelesen. Er mußte mehr als 2000 Meter Höhe überwinden. Was war, wenn er dort an einer Steilstrecke liegenblieb? Wie sollte er das viele Material und den Anhänger zurückbringen? Erich stellte sich vor, wie der Motor in einer Steilkurve aussetzte. Sechs Personen im Wagen! Er konnte nicht zurückstoßen! Das Gespann war immerhin sieben Meter lang! Und wie würde er mit der berüchtigten italienischen Fahrweise zurechtkommen? Wenn es einen Unfall gäbe, könnte er den Hergang nicht in italienischer Sprache schildern. Ob er dann einen Dolmetscher fände?

Erich versuchte zu schlafen.

Ein Kollege hatte von einem anderen Kollegen erzählt, daß dieser in Spanien von einer Gruppe junger Männer überfallen und ausgeraubt worden war. Sie hatten ihn niedergestochen, als er sich wehrte. Er war heute noch nicht arbeitsfähig.

Erich versuchte zu schlafen.

Wenn eine Rockerbande über sie herfiele! Er war im Kampf nicht geübt. Er hatte als Junge schon vor Raufereien Angst gehabt. Er würde Hella und Karin und Bigi und Dani verteidigen müssen. Martin war kaum eine Hilfe. Wenn die Rocker bewaffnet wären, wenn sie Messer hätten!

Erich versuchte zu schlafen.

Er bemühte sich, sein selbstgebasteltes autogenes Training anzuwenden: An den rechten Fuß denken. Ganz ruhig an den rechten Fuß denken. An die große Zehe denken. An die anderen Zehen denken. Und jetzt auch an den linken Fuß denken. Seine Füße wurden warm. Der Krampf wich. Erich schlief tatsächlich ein.

Donnernd rasten schwere Motorräder über die Camping-Wiese. Aufheulend umkreisten sie sein Zelt. Schwarze Teufel sprangen aus den Sätteln. Mit Messern schlitzten sie das Zelttuch auf. Sie packten Hella und die Kinder. Nein! schrie Erich. Er griff nach dem Zeltbeil. Er fuhr auf. Hella stand am Fenster. Blitze zuckten am Himmel über der heißen Stadt. Das Gewitter war da.

Erich konnte kaum aufstehen. Der schreckliche Traum

hatte ihn gelähmt. Langsam verließ er das Bett und trat zu Hella ans Fenster. Es begann zu regnen. Hoffentlich war die Plane des Zeltanhängers dicht!

»Das Gewitter hätte schlimmer werden können, nach dieser Hitze«, versuchte Erich ein Gespräch zu beginnen.

»Ja.«

»Morgen wird es etwas kühler sein, wenn wir fahren.«

Sie sah auf die Uhr. »Es ist 3.30 Uhr. In einer halben Stunde wollten wir aufstehen.«

Sie legten sich wieder auf ihre Betten, während draußen der Regen niederrauschte und der Donner sich in den Schluchten der Straßen brach. Hella sehnte sich plötzlich danach, von ihrem Mann in die Arme genommen zu werden. Das wäre ein guter Anfang der großen Reise gewesen.

Aber Erich sagte: »Die Scheckkarte werde ich im Auto verstecken. Die Euroschecks trage ich im Brustbeutel und die Barscheine in der Brieftasche. Dann wird immer nur eines von dreien gestohlen. Ich habe noch zwanzig DM, zweihundertfünfzig Schweizer Franken und achthundertfünfzigtausend Lire. Wenn das verbraucht ist, müssen wir mit Schecks zahlen oder einen Euroscheck einlösen. Hoffentlich gibt es auf Elba eine Bank.«

Enttäuscht legte sich Hella zurück und lauschte dem Gewitter. Es war immer das gleiche: Mark und Pfennig, Franken und Lire. Sie aber sehnte sich nach Sternen und Meeren und nach der heißen, wilden Insel Elba.

Regen, Verbitterung und ein Lied von Gott

Es war kurz nach 5 Uhr, als Familie Haller starten konnte. Sie mußten auf Karin warten, die einfach nicht rechtzeitig aufgestanden war. Erich hatte erwogen, ohne sie abzufahren, aber Hella hatte dem widersprochen, denn was würde aus dem Mädchen werden, wenn es drei Wochen lang allein in dieser Stadt lebte? Als es Hella gelungen war, Karin aus dem Bett zu bekommen, blieb diese unverhältnismäßig lange im Bad, bis sie sich schließlich sorgfältig geschminkt als lächelndes Mannequin der Familie präsentierte.

Erich war sehr ärgerlich, beherrschte sich aber. Er sagte kein Wort. Sonst hätte sich wieder eine stundenlange Debatte über Macht und Autoritätsstrukturen entwickelt. Und das wollte er jetzt nicht hören, wenn sie in den Urlaub fuhren.

Als sie auf der Kaiserleibrücke den Main überquerten, stotterte Hella verlegen, daß sie nicht sicher sei, ob sie den elektrischen Herd ausgeschaltet habe. Geduld heuchelnd, kehrte Erich beim Kaiserleikreisel um und fuhr wieder in die Stadt zurück. Der Herd war ausgeschaltet.

Als sie zum zweiten Mal über die große Brücke fuhren, sagte Karin: »Ich bin nicht sicher, ob ich den Wasserhahn im Bad zugedreht habe.«

»Ich bin sicher«, antwortete Erich. »Ich bin sogar sicher, daß ich dir demnächst den Hintern versohlen werde, wenn du glaubst, so weitermachen zu können.«

Danach schwieg Familie Haller. Der Regen prasselte gegen die Windschutzscheibe des alten, sechssitzigen Peugeot. Der Himmel war gleichmäßig mit grauen Wolken bedeckt, als hätte ein langer Landregen begonnen.

»Wird der Regen aufhören?« fragte Hella.

»Ich weiß es nicht«, antwortete Erich.

»Können wir heute abend bei diesem Wetter das Zelt überhaupt aufschlagen?«

Hellas Enttäuschung wurde größer. Warum regnete es, wenn sie nach Elba fuhren? Wie sollte das in der kommenden Nacht werden? Sie konnten doch nicht im Regen schlafen.

Der Motor brummte ruhig gen Süden. Erich fuhr vorschriftsmäßig 80 Stundenkilometer. Es war angenehm, auf der Autobahn so langsam zu fahren. Die andern Fahrzeuge überholten das Gespann wie selbstverständlich auf der linken Spur. Man brauchte kaum in den Spiegel zu schauen.

Martin schaltete sein Kofferradio ein. Er legte eine Kassette ein, die er selbst bei der Groß-Evangelisation des Janz-Teams in der Messehalle aufgenommen hatte. Tröstlich kam es aus dem Lautsprecher: »Wie groß ist mein Gott! Kein andrer als er!« Karin kräuselte spöttisch die Lippen, aber die anderen hörten gerne zu. Erich hatte eigentlich die Fahrt mit einem Gebet beginnen wollen, aber Karins Dreistigkeit hatten eine Andacht unmöglich gemacht. Nun waren wenigstens diese Lieder da. Martin war ein guter Kerl, obwohl er sich in der Schule und wohl auch im späteren Leben so schwer tun würde wie Erich. Er muß nur nicht eine wesentlich gebildetere Frau heiraten, dachte Erich.

Wer ist der weiße Motorradfahrer?

Martin saß hinten auf der dritten Sitzreihe und beobachtete den Anhänger, der unauffällig hinter dem Wagen lief. Die Kupplung schien in Ordnung zu bleiben. Jetzt rief Martin: »Achtung! Hinter uns ein schnelles Motorrad!«

Ein weißgekleideter Motorradfahrer auf einer weißen Maschine sauste vorbei.

»Ist der noch ganz dicht?« fragte Erich. »Der fährt bei diesem Regen etwa 180 oder mehr.«

»Das war ein Serafim«, sagte Bigi andächtig.

»Was war das?« fragte Hella.

»Ein Serafim. Weißt du nicht, was ein Serafim ist?«

»Nein.«

»Ein Serafim ist ein Engel, der ganz schnell fliegen kann«, erklärte Bigi stolz und scheu, als verrate sie ein wichtiges Geheimnis. »Es gibt auch Cherubime. Das sind die großen, schweren Engel. Die hüten den Tempel, damit keine frechen Kinder darin was kaputt machen können. Dann klappen sie so mit den Flügeln, und die Kinder sind sofort artig. Aber die Serafime, das sind die schnellen Engel. Die nimmt der liebe Gott, wenn er schnell etwas erledigen will.«

»Und dies war so ein schneller Serafim?« fragte Hella.

»Ja. Klar. Hast du doch gesehen.«

Karin kicherte: »Das war ein ganz gewöhnlicher Verkehrspolizist!«

»Du hast keine Ahnung!« stand Dani seiner Bigi bei. »Bei der Polizei ist etwas Grünes dran!« Er war vier Jahre alt und stand stets im Schatten der quicklebendigen sechsjährigen Bigi. Wie Martin im Schatten Karins lebte.

»Richtig!« unterstützte Martin die Kleinen. »Bei der Polizei ist etwas Grünes dran. Außerdem haben sie Blaulicht an ihren Maschinen.«

»Es war also doch ein Serafim!« triumphierte Bigi.

»Ja«, entschied die Mutter. »Es war ein Serafim, der mit uns nach Süden fährt.«

Karin war empört. Das war Verdummung der Kinder! Das war Mißbrauch der kindlichen Gläubigkeit! Sie verstand die Eltern nicht. Nun, daß Vater in die Kirche ging, mußte wohl so sein. Er war ein kleinkarierter Bürokrat. Er brauchte einen Halt. Er mußte sich einen Gott ausdenken, damit er zu ihm beten konnte, wenn er Angst bekam. Sonst konnte er in der Dunkelheit nicht einschlafen. Aber daß Mutter in dieser lächerlichen Engelsache Bigi recht gegeben hatte, war für Karin unbegreiflich. Sie wartete auf etwas ganz anderes als auf religiöse Anwandlungen bei Mutter. Sie wartete gespannt, wie lange Mutter noch bei Vater bleiben würde. Wie lange sie das noch ertragen würde. In Soziologie hatte sie das neue Scheidungsrecht kennengelernt. Es war für Mutter ganz leicht, einfach fortzugehen, seit die Schuldfrage keine Rolle mehr spielte. Dann sollte Vater sehen, wie er mit seiner ekligen Pfennigfuchserei zurechtkäme! Er hatte ja keine Ahnung, was eine Frau war! Nun – ihr konnte es egal sein. Sie würde ohnehin so schnell wie möglich ausrücken. Irgendwohin. Vielleicht ergab sich auf Elba eine Gelegenheit.

Karin versank in goldenglühende, romantische Träume von IHM, dem Fremden, dem Reichen, dem Starken, der sie entführen würde, irgendwohin. Vielleicht nach Australien, wo sie auf einer Farm Herrin über Knechte und Mägde wäre.

Trostlos prasselte der Regen gegen die Frontscheibe. Die Scheibenwischer eilten hin und her. Wolkenverhangen und dunkel zogen die Berge des Odenwaldes an ihnen vorbei. Hella hoffte, daß es irgendwo heller würde, aber es regnete weiter.

»Was war das eigentlich für eine Maschine, die der Sefarim fuhr?« fragte Erich.

»Eine Suzuki!« sagte Karin.

»Du spinnst wohl!« widersprach Martin. »Eine BMW!«

»Eine Suzuki!«

»Eine BMW!«

»Eine Suzuki!«

»Eine BMW. Und zwar eine R 100 T! Du hast ja keine Ahnung! Du kannst einen Zweizylinder-Boxermotor nicht von einem Vierzylinder-Reihenmotor unterscheiden!«

Erich versuchte abzulenken: »Früher, nach dem Krieg, war es das höchste der Gefühle, wenn man eine Fünfhunderter sah. Die größte Maschine, die ich fuhr, war ein 175er Ardie.«

»Hast du den Motorrad-Führerschein, den Einser?« fragte Martin.

»Ja.«

»Warum hältst du dir dann keine schnelle Maschine?« fragte Karin, den nächsten Streit einleitend.

Erich antwortete nichts. Er mußte eine Technik des rechtzeitigen Schweigens entwickeln, wenn er mit Karin unter einem Zeltdach drei Wochen lang auskommen wollte.

Serafim auf BMW

Sie fuhren an Heidelberg vorüber und bogen auf die Heilbronner Autobahn ab. Jetzt kamen die Berge des Kraichgaus, die der alte Wagen zu bewältigen hatte. Erich und Martin stellten begeistert fest, daß der Peugeot den Anhänger unbeeindruckt hinaufzog. Er war als Zugwagen ausreichend stark. Für Erich war dies beruhigend. Vielleicht hatte er sich wegen des alten Autos zu viele Sorgen gemacht.

Doch, als sie bergabwärts etwas schneller fuhren, begann der Zug zu schlingern. »Achtung!« rief Erich. »Festhalten!« Es gelang ihm, vorsichtig bremsend, das Gespann auf der Haltespur zum Stehen zu bringen. Erichs Gesicht war bleich geworden.

»Was ist?« fragte Hella.

»Plattfuß! Hinten rechts. Dein Rad, mit dem du nur ein wenig gegen die Bordsteinkante fuhrst.«

»Ach, nein. Und was jetzt?«

Erich stieg aus. Der kalte Regen schlug sofort durch sein leichtes Hemd. Martin zwang Karin, sich zur Seite zu bequemen, damit er auch aussteigen konnte, um seinem Dad zu helfen. Sie waren im Nu durchnäßt.

Der Reifen war seitlich aufgeplatzt. Es war also doch der Innengürtel beschädigt gewesen.

»Ihr müßt alle aussteigen«, sagte Erich. »Nehmt die Regenumhänge und stellt euch an die Leitplanken.«

Ängstlich sorgte Hella dafür, daß die Kleinen nicht naß wurden. Karin fand ihren Regenumhang nicht. »Ich dachte, wir fahren nach Süden«, maulte sie entrüstet.

»Ganz ruhig bleiben«, mahnte Martin. »Ich lege mich unter den Wagen, du machst die Schraube auf, dann haben wir das olle Reserverad gleich.«

Entsetzt sah Hella, wie ihr Sohn sich auf die Straße legte. Das Reserverad war schnell los. Dann kam das Schreckliche: Als Martin den vierkantigen Arm des Wagenhebers in die dafür vorgesehene Halterung neben dem hinteren Radkasten geschoben und sich versichert hatte, daß alles richtig saß, kurbelte er den Wagen hoch. Zuerst hob sich das lange, schwerbeladene Auto gehorsam. Aber als sich der Reifen schon vom Boden gelöst hatte, brach die Halterung des Wagenhebers in der verrosteten Bodenpartie des alten Autos nach oben durch und der Wagen krachte mit unbeschreiblich häßlichem Knirschen auf das platte Rad herab.

Martin sah schreckensbleich in des Vaters Gesicht: »Bin ich schuld?«

»Nein, du bist nicht schuld. Aber die Reise nach Elba ist zu Ende«, sagte Erich langsam. »Wir können den Wagen nicht mehr heben. Wir können das Rad nicht mehr wechseln. Wir müssen einen Abschleppdienst rufen und uns nach Frankfurt zurückbringen lassen, um in Zukunft den Anhänger von Hand zu ziehen. Aus der Traum!«

Sie starrten fassungslos auf die eingeknickte Unterschwelle des geliebten Peugeot. Dann tönte Bigis helle Stimme: »Pst! Der Serafim! Da kommt der Serafim!«

Alle sahen in Richtung ihres unter dem gelben Regenumhang ausgestreckten Ärmchens. Tatsächlich: Leise blubbernd rollte das weiße Motorrad, auf dem der weiße Mann saß, auf der Standspur der Autobahn heran und hielt hinter dem liegengebliebenen Gespann.

Dani und Bigi verneigten sich ehrfurchtsvoll wie beim Krippenspiel in der Kirche vor dem Wesen aus dem Jenseits. Serafim schob das Visier seines voluminösen Helms hoch. »Haben Sie Probleme?« fragte er freundlich.

»Ja«, sagte Erich schüchtern. Er glaubte jetzt selbst fast daran, daß dieser weiße Mann ein Serafim war. »Aber wo kommen Sie her? Sie haben uns doch bei Frankfurt überholt.«

»Ich frühstückte im Rasthof Kraichgau. – Nur der Reifen?«

»Nein. Die Halterung für den Wagenheber brach ins Auto hinein. Wir können das Auto nicht mehr heben.«

Serafim besah sich das häßlich eingeknickte Blech.

»Haben Sie einen breitflächigen Hubwagenheber?«

»Nein.«

»Dann muß ein Lastwagen helfen«, sagte Serafim, zog seine weißen Lederhandschuhe wieder an und trat an den Rand der Fahrbahn. Erstaunt beobachtete die Familie, wie Serafim mit gebietender Armbewegung den nächsten Lastzug stoppte und auf die Standspur befahl. Wenige

Worte genügten, und die beiden Fahrer brachten einen großen Wagenheber, legten eine Bohle darauf und hoben den Peugeot hoch. Erich und Martin wechselten die Räder. Die freundlichen Lastzugfahrer nahmen ihren Wagenheber und fuhren weiter.

»Sie können mit diesem glatten Reserverad nicht weit fahren«, sagte Serafim. »Wohin geht die Reise?«

»Nach Elba.«

Serafim lächelte. »Dort ist es schön! Vielleicht treffen wir uns dort.«

Hella fragte schnell: »Fahren Sie auch nach Elba?«

»Ich weiß noch nicht genau, wo ich bleiben werde. Irgendwo am blauen Mittelmeer. Irgendwo in der Sonne. Irgendwo, wo es schön ist.« Er ließ das Visier seines Helmes herab.

Bigi und Dani verneigten sich wieder tief.

Serafim lächelte unter seinem Visier, hob die behandschuhte Rechte, setzte sich auf sein Motorrad und donnerte davon. Wenige Augenblicke später war er den verwunderten Blicken der Familie entschwunden.

Hella merkte sich die Motorradnummer. Der amtlichen Tafel nach war er im Fichtelgebirge zu Hause. Erich und Martin befestigten das deformierte Rad unter dem Heckboden des Wagens. Sie konnten wieder einsteigen. Ängstlich fuhr Erich an.

Dani sagte: »Es war also doch ein Engel, aber ein ganz, ganz schneller.«

Sie verlieren viel Zeit und Geld, und ihre Stimmung wird noch schlechter

Sie verloren viel Zeit, bis sie in Heilbronn eine Peugeot-Werkstätte fanden, wo sie ein komplettes neues Rad und einen neuen Mantel für das Reserverad kaufen konnten. Die Peugeotleute nahmen den alten Wagen auf die Hebebühne, zogen die eingeknickten Bleche heraus und verstärkten die Eisenplatten. Es kostete 822,– Mark. Erich stellte seine drei ersten ungedeckten Euroschecks aus. Es war nach 12.00 Uhr, als sie wieder die Autobahn erreichten. Es regnete immer noch.

Trotz allem war Erich innerlich ruhig. Er war wirklich nicht ärgerlich. Die Hilfe des seltsamen Fremden hatte ihm Mut gemacht.

Als sie in die neue Bodensee-Autobahn einbogen, fragte Erich seine Frau: »Willst du nicht bis nach Singen fahren? Ich habe meine ersten zweihundert Kilometer abgespult. Dann nehme ich nachher die Schweiz.«

Aber Hella wollte nicht fahren. Sie fand es einfach ungerecht, daß aus ihrem kleinen Fahrfehler solch ein Unheil entstanden war. Sie wurde stachelig: »Ich fahre nie mehr.«

Also fuhr Erich weiter. Immer weiter gen Süden.

»Ich möchte essen!« verkündete Karin herausfordernd.

»Wende dich an deine Mutter! Wenn sie schon nicht fahren will, kann sie wenigstens die Brötchen richten!« Die Atmosphäre wurde wieder böse.

Martin faltete ganz hinten auf der dritten Sitzbank seine Hände: »O lieber Gott, hilf doch meinen Eltern! Du und alle deine Serafime und Cherubime!«

Als sie nach Singen an der Grenze zum ersten Mal Schweizer Uniformen sahen, fragte Dani: »Sind wir jetzt in Elba?« Den Kleinen wurde die Reise lang.

In Schaffhausen sah Erich auf die Uhr. Konnten sie sich die Besichtigung des Rheinfalles noch leisten?

»Daß du eine solche Frage stellst!« antwortete Hella empört.

Also bog er rechts ab. Ein Polizist wies sie auf einen großen Parkplatz ein. Ein Schild verkündete: »10 Minuten bis zum Rheinfall.« Nun ja, das wären 20 Minuten, das mochte gehen. Aber diese zehn Minuten hatte der Fuchs gemessen. Außerdem standen diverse Eisverkaufsständchen am Wege, an denen die Kinder nicht vorbei wollten. Der Rheinfall war, von oben gesehen, sehr schön. Aber Hella wollte noch ins Tal hinunter, um ihn auch von unten zu genießen. Also ging man hinunter.

Schließlich war es kurz nach sechzehn Uhr, als Erich wieder im Peugeot saß. Er würde in Zürich genau in den Feierabendverkehr kommen. Wieder bekamen die bitteren Gedanken die Oberhand, warum ihr Ziel gerade Elba sein mußte, eine Insel, bei der man auf die Fähren angewiesen war. Wenn sie jetzt irgendwo an der Küste zelten wollten, dann könnte man das alles genießen. Aber Hella hatte wieder ihren Kopf durchgesetzt!

Erich fuhr nun schneller als erlaubt, obwohl er gelesen hatte, daß die Schweizer Polizei mit hohen Geldstrafen gegen Geschwindigkeitsüberschreitung vorginge. Er mußte wenigstens noch bis zum Vierwaldstätter See kommen. Er mußte Piombino am Freitag um 7.00 Uhr erreichen! Eine Hetze wie im Betrieb!

»Lies bitte die Karte«, sagte er zu Hella. »Und du, Martin, lies mit. Wir können uns keine Irrfahrt leisten.«

Von Winterthur bogen sie rechts ab nach Zürich. Als sie von Norden kommend in die große unbekannte Stadt einbogen, hatte, wie Erich es vorausgesehen, der Feierabendverkehr begonnen. Jetzt blieb keine Zeit für törichte Gefühle. Sie entdeckten Wegzeiger mit der Aufschrift »St.

Gotthard«. Diesen fuhr Erich nach. Er fuhr hart und rücksichtslos mit dem langen Zug durch den chaotischen Verkehr. So kannte ihn Hella gar nicht. Als ihn jemand anhupte, murmelte er nur: »Ich nix verstehn. Ich andere Baustelle.«

Als Zürich hinter ihnen lag, sagte Hella traurig. »Nun war ich zum ersten Mal in Zürich und habe nichts gesehen als das, was ich in Frankfurt täglich sehe.«

Erich antwortete nichts. Sie war selbst schuld.

Der Himmel erhellte sich, als sie zum Zuger See kamen. Die Sonne brach durch die Wolken. In zartem, durchsichtigem Blau schimmerten der See und seine Berge. Erich fuhr, so schnell es ging, am Ufer entlang.

»Halt bitte an!« bat Hella. »Das ist unsagbar schön!«

»Nein!« sagte Erich. »Die Sonne sticht. Es kommt ein Gewitter. Wir müssen vorher das Zelt aufgestellt haben!«

Er saß nun fünfhundert Kilometer lang am Steuer. Sein Gesicht war hart. Seine Augen glichen schmalen zusammengekniffenen Schlitzen.

Die erste Nacht im Zelt

In Brunnen tankte er und ließ sich den Weg zum Campingplatz beschreiben. Sie hatten Glück. Auf dem kleinen Übernachtungsplatz wurden sie aufgenommen und fanden ein Plätzchen, das sehr nahe am Ufer des Vierwaldstätter Sees lag. Zu beiden Seiten wuchsen die steilen Berge aus der graublauen Ebene des Sees gen Himmel.

»Bitte, betrachtet das nachher, wenn das Zelt steht!« befahl Erich. »In den Bergen kommt ein Gewitter schnell!«

Sie bauten zum ersten Mal ihren Zelt-Caravan auf. Hella las die Gebrauchsanweisung vor. Der erste Donner rollte durch die Felswände über ihnen. Auf der Wiese lagen Schlafsäcke, Decken, Koffer, Kochzeug und Liegen umher. Das Zelt spannte sich nicht. Das Donnergrollen wurde heftiger. Am Ufer saß Karin und kämmte verträumt ihre schwarzen Haare.

»Hella, setz die Kleinen in den Wagen und pack ins Auto, was hineingeht, und sag dem gnädigen Fräulein, es möge helfen. Martin! Wir probieren weiter, ob wir das Zelt nicht doch noch stellen können. Irgend etwas haben wir falsch gemacht.«

Martin werkelte unter den hängenden Zeltplanen. Er rief: »Ich hab's! Wir haben zwei Stangen falsch verbunden!« Es klickte. Die Planen spannten sich hoch auf. Sie zogen die Vorzeltstangen heraus und hängten das Vorzelt an. Groß und vertrauenerweckend spannte sich das Zelt über dem Anhänger. Hella schleppte das Gepäck hinein, während Erich und Martin keuchend die Zeltpflöcke in den Boden hämmerten und das Zelt gegen den Sturm verspannten.

Plötzlich rannte Erich über den langen Platz zum Verwaltungshaus. Der dicke Vierziger lief wie ein Junge. Entsetzt sah ihm Hella nach. Wenn er nun einen Herzinfarkt bekam? Sie hatte ihn in etwas hineingetrieben, was seiner gemächlichen Art nicht entsprach. Der Himmel war nun fast schwarz. Blitze zuckten zwischen den Bergen in den See. Die Donnerschläge knallten wie Kanonenschüsse zwischen den Felsen. Erich kam keuchend zurück. Er hielt zwei Plastikplanen vor sich. »Schnell!« rief er. »Wir werfen die Planen über das Zelt, dann können wir morgen alles trocken einpacken!«

Sie gehorchten jeder Anweisung. Sie befestigten Schnüre an den Ringen der Planen und banden sie an die Zeltpflöcke. Woher hat er nur soviel Schnur? fragte sich Hella. Er hat an alles gedacht. Ich tue ihm Unrecht.

Der Regen prasselte los, als ob der See über ihnen ausgeschüttet würde.

»Alle 'rein!« befahl Erich. »Ich binde die restlichen Schnüre fest!«

Er kniete im Regen und band die Schnüre fest. Da und dort schlug er einen zusätzlichen Zeltpflock in den Boden. Sein Herz schmerzte heftig. Er empfand den kalten Regen wohltuend. Er beeilte sich nicht. Als er fertig war, war er ruhiger geworden. Tropfnaß trat er ins Zelt.

Hella, Karin, Martin, Bigi und Dani saßen wie verängstigte Hühner auf den Betten und warteten auf den Untergang der Welt.

Hella stand auf und trat nahe zu Erich. »Danke!« sagte sie so leise, daß es die Kinder nicht hören sollten. »Die Kinder sind trocken geblieben. Alles ist trocken geblieben in diesem schrecklichen Wolkenbruch! Außer dir!«

Sie wollte eine Brücke zu seinem Herzen bauen. Aber er war zu erschöpft, um diese Brücke zu erkennen. Seine Hände zitterten, als er versuchte, die kleinen Knöpfe seines nassen Hemdes, das sich über seinen Bauch spannte, zu öffnen. Hella half ihm. Sie reichte ihm trockene Kleider. Als er umgezogen war, baute er mit Martins Hilfe den Gasherd auf. Bald kochten Ravioli in den Töpfen, und Hella deckte den Tisch.

Für sechs Personen war der Tisch viel zu klein, außerdem wackelte er. Nun ja, wieder das Billigste, was es im Kaufhof gegeben hatte. Dieser Tisch strapazierte Erichs Nerven aufs neue, denn er war gewohnt, gepflegt zu essen. Als alle sechs Familienmitglieder sich an dem Tisch drängten, als die Ravioli in den Plastiktellern dufteten und Erich das Tischgebet beginnen wollte, stieß Dani versehentlich mit dem Fuß gegen eines der Tischbeine. Der Tisch wackelte so, daß die sechs mit Coca-Cola gefüllten Becher überschwappten und sich eine braune, klebrige

Brühe über die Platte ergoß. Erich sprang angeekelt auf. Er stieß dabei zum zweiten Mal gegen den Tisch, so daß noch mehr Cola verschüttet wurde. Er wandte sich ab und trat vor das Zelt hinaus in den strömenden Regen.

»Ich wollte Vati nicht ärgern«, sagte Dani schuldbewußt.

»Vati ist überarbeitet«, erklärte Hella. »Er hat gestern Abend mit dem Anhänger und dem Auto viel Ärger gehabt. Er konnte heute nacht nicht schlafen und ist heute weit gefahren. Er kann fast nicht mehr.« Sie wischte das Cola auf. Sie aßen schweigend weiter.

Der Vater hatte ihnen die Freude am ersten gemeinsamen Essen im schützenden Zelt unter dem rauschenden Regen verdorben. Er hatte das Zelt aufgebaut, aber er hatte die Freude darin zerstört. Würde das immer so weitergehen?

Es wurde seltsam still. Sie sahen zum Zeltdach empor. Der Regen hörte auf. So waren sie nun also mit der Natur verbunden, daß das Ende eines Regens für alle wichtig wurde.

In der Dämmerung schwammen sie in den See hinaus.

Erich und Hella hüteten abwechselnd die Kleinen, die noch nicht schwimmen konnten und am steinigen Ufer mit Kieseln spielten. Das Wasser war warm und weich. Ihre Nerven entspannten sich.

Als sie sich dann im Zelt zur Ruhe gelegt hatten, Hella und Erich auf dem rechten Doppelbett des aufgeklappten Hängers, Karin und Bigi auf dem linken und die beiden Jungen auf den Luftmatratzen in der Vertiefung des Bodens, und als diese erste Nacht begann – ohne Schloß und Riegel, nur durch ein dünnes Tuch von allen Gefahren getrennt –, suchte Hella die Hand ihres Mannes in dem andern Schlafsack neben ihr. Aber seine Hand liebkoste ihre schlanken Finger nicht wie früher. Verzweifelt starrte sie zu dem hellen Zeltdach empor, über dem vielleicht Wolken trieben oder Sterne schwiegen. Da hörte sie, wie Martin mit Dani leise betete:

»Breit aus die Flügel beide,
o Jesu, meine Freude,
und nimm dein Küchlein ein.
Will Satan mich verschlingen,
so laß die Englein singen:
Dies Kind soll unverletzet sein.«

Der Regen und die Enttäuschung hören nicht auf

Trotz seiner großen Müdigkeit schlief Erich in dieser ersten Zeltnacht wenig. Er lauschte den ungewohnten Geräuschen, dem Verstummen und Wiederbeginn der Regentrommel, dem Anschwellen und Verebben des Windrauschens in den Pappeln, den Atemzügen der fünf Menschen, die zu ihm gehörten und ihm nun zu viel waren, für die seine Seele, ihn selbst überraschend, die Verantwortung nicht mehr übernehmen wollte. Er dachte an ein zynisches Wort, das irgendein Kollege einmal zitiert hatte und das in Erich hängen geblieben war: »Warum heiratet ein Mann? Damit er ein liebendes Wesen um sich hat, mit dem er die Sorgen teilen kann, die er nicht hätte, wenn er nicht geheiratet hätte.« Wenn man nicht selbst atmete, hörte man den dunklen See gegen die Ufer klatschen.

Endlich dämmerte es. Der Regen setzte wieder ein. Erich schlüpfte aus seinem Schlafsack und versuchte ins Vorzelt zu gelangen, ohne auf Dani oder Martin zu treten. Er warf den Regenumhang über den Trainingsanzug, holte Wasser, brühte Kaffee auf und deckte den Tisch.

Er weckte die andern. Nun zeigte es sich, daß der Zeltraum für sechs Personen, von denen die Kleinsten immerzu herumtollten, einfach zu klein war. Erich schimpfte, bis jedes sich etwas zurückhaltender benahm.

Als sie bei Tisch saßen, fragte Dani: »Beten wir beim Zelten nicht? Eigentlich braucht man beim Zelten nicht beten, weil das Zelt so dünn ist. Da sieht Gott durch.«

Erich und Hella sahen sich verlegen an. Natürlich mußten sie mit den Kindern beten, auch wenn sie selbst beide jetzt nicht beten konnten. Man kann Kinder nicht taufen und, wie man in der Kirche bei der Taufe versprochen hat, sie christlich erziehen wollen und dann plötzlich mit Beten aufhören. Hella und Erich fühlten sich gezwungen, wie seither weiterzumachen, weil die Kinder da waren. Man kann nicht ausbrechen, wenn man Kinder hat, ohne noch tiefer in die Selbstverurteilung zu fallen.

Erich begann also das Tischgebet, und die Familie fiel im Chor ein:

»Jedes Tierlein hat sein Essen,
jedes Blümlein trinkt von dir;
hast auch unser nicht vergessen:
Lieber Gott, hab Dank dafür! Amen.«

Nach dem Beten hörte der Regen wieder auf. Erich teilte jedem seine Aufgaben zu. Sie nahmen die nassen Plastikbahnen vom Zelt und packten eilends alles zusammen. Als die Abdeckplane des Anhängers festgezurrt war, setzte der Regen wieder ein. Dani kommentierte: »Der liebe Gott hat es genau so lange trocken sein lassen, wie wir brauchten, um einzupacken!«

Die Eltern antworteten darauf nicht.

Sie fuhren in Richtung St. Gotthard. Sie freuten sich alle auf den berühmten Paß und die bisher nie gesehenen hohen Berge. Aber je höher sie hinauffuhren, desto dichter wurden die sie umgebenden Wolken. Schließlich sahen sie kaum mehr den Straßenrand und mußten sich sehr vorsichtig hinter der Nebelschlußleuchte des vor ihnen fahrenden Wagens durch die engen Kurven der Paßstraße tasten. Eine Stunde lang fuhren sie ohne jede Sicht bergauf, dann wieder bergab. Sie hatten also den berühmten Paß überschritten und nichts gesehen. Gar nichts. Nur Nebel. Die Eltern waren bitter enttäuscht. Die Kinder fühlten die Gefahr und fürchteten sich. Während sie noch bergangefahren waren, hatte Martin behauptet, der St. Gotthard sei ein Wetterteiler. Auf der Südseite scheine die Sonne. Aber sie schien nicht.

Über Hellas Gesicht rannen die Tränen. Sie hatte sich das so wunderbar vorgestellt: Felsen und Schneefelder und blauer Himmel! Und nun der gleiche Nebel wie in Frankfurt. Wenn das so weiter ging, hatte Erich recht, der nicht zelten wollte. Es gab keinen Ausweg aus der Trostlosigkeit des Lebens.

Es ging so weiter. Erst nach Airolo kamen sie aus den Wolken heraus. Aber nun regnete es wieder. Sie durchfuhren das Tal des Ticino und sahen nichts von der Herrlichkeit der Tessiner Alpen. Am Luganer See prasselte der Regen immer noch auf das Auto, so daß niemand aussteigen wollte. Erst als sie die italienische Grenze bei Chiasso überquerten und dort mit ihren Benzingutscheinen tankten, wurde der Himmel etwas heller.

Hella macht gefährliche Fahrfehler

»Willst du jetzt fahren? Vor uns liegt eine gerade Autobahn«, sagte Erich. Es war eine Bitte. Er war sehr müde und fühlte sich nicht mehr fahrfähig.

»Ja«, sagte sie kleinlaut. Sie wechselten die Plätze. Die weite Po-Ebene war problemlos zu durchfahren. Nur vor

Milano erkannte Hella eine Autobahnkreuzung zu spät und riß den Zug nach rechts in die Ausfahrt, obwohl dort ein anderer Wagen schon ausbog. Erich griff ins Lenkrad. Die beiden Wagen kamen knapp aneinander vorbei. Der andere hupte zornig. Hella wurde blaß und bekam weiche Knie.

»Ich habe den nicht gesehen«, sagte sie.

»Macht nichts«, beruhigte Erich. »Es ging ja gut.«

Sie fuhr erschüttert weiter. Fast hätte sie die ganze Familie ins Unglück gebracht. Und dies im fremden Land. Ob es nicht doch besser wäre, wenn sie umkehren würden, den Hänger verkaufen, täglich mit den Kleinen ins Rosenbad nach Offenbach gehen und die Großen auf eine Freizeit schicken würden? Die Reise nach Elba entpuppte sich als ein verkleinertes Widerspiel ihres Lebens: Hoffen und Träumen und Enttäuscht-werden.

In der trostlosen Po-Ebene schlief außer der Fahrerin die ganze Familie im Auto ein. Auch Erich. Sein Kopf wackelte zwischen der Seitenscheibe und der Rücklehne hin und her. Hella fühlte sich allein gelassen. Die Sonne brannte ihr jetzt ins Gesicht. Niemand gab ihr die Sonnenbrille. Jeder Kilometer brachte sie weiter von zu Hause fort.

Dann tauchten am Horizont im Süden die Apenninen auf. Hellas Augen wurden groß. Dort waren die Apenninen! Die Apennino Liguro, die Alpen des Ligurischen Meers. Sie fuhr an Pavia vorbei. Nach Tortona schmiegte sich die Autostrada in die Windungen eines langen Tales, das meerwärts führte. Erich wachte auf. Er orientierte sich nach der Straßenkarte und äußerte sich nun auch begeistert von der wilden Schönheit der Berge, an denen verträumte Apenninendörfer wie Schwalbennester klebten.

Als sie vor Genua nach Südosten auf die durch ihre vielen Tunnels berühmt gewordene Europastraße 1 abgebogen waren, versagte Hella im ersten Tunnel. Ihre Augen, die so lange gegen die Sonne geblickt hatten, konnten sich nicht der Dunkelheit anpassen. Sie sah nichts mehr.

»Mach das Licht an!« rief Erich.

Aber Hella fand in ihrer panischen Angst den Lichthebel nicht. Der Tunnel war eine kaum beleuchtete lange, finstere Angströhre, durch die der Autobahnverkehr zweispurig raste. Links überholten die schnellen Wagen. Erich erwartete, daß einer auf den unbeleuchteten Anhänger auffuhr. Da ging das Licht an: Martin hatte von hinten an Mutti vorbei zum Lichthebel vorgegriffen und eingeschaltet. Aber auch jetzt sah Hella nicht viel. Sie kam auf die Mitte zwischen den beiden Bahnen. Bremsen kreischten, Hupen hallten im Gewölbe wider.

»Bleib ganz ruhig«, sagte Erich. »Etwas mehr rechts. Ich lenke mit.« Er legte seine Hand ans Lenkrad und führte den Wagen. Dani begann vor Angst zu weinen. Vor ihnen wurde es heller. Der Tunnel war zu Ende. Hella fuhr auf einen Halteplatz neben der Autostrada. Erich beobachtete die hinter ihnen kommenden Fahrzeuge. Sie kamen ganz normal aus dem Tunnel, ohne von ihnen Notiz zu nehmen. »Es ist nichts passiert!« sagte er aufatmend. »Hella, es ist alles o. k. Sei nicht traurig!« Aber sie zitterte am ganzen Körper.

Erich setzte sich ans Lenkrad und fuhr weiter. Ein Tunnel folgte dem anderen. Sie fuhren fast mehr unter der Erde als darüber. Zwischen den Tunnels konnten sie die hohen Häuser Genuas sehen, die sich sandfarben zwischen den Bergen aufreckten. Dann riefen alle wie aus einem Munde: »Das Meer!«

Hella sah das Meer zum ersten Mal in ihrem Leben, konnte sich aber nicht freuen. Sie empfand es als eine zu tiefe, zu bittere Demütigung, daß sie die Familie heute zum zweiten Mal durch ihr Versagen in Lebensgefahr gebracht hatte. In ihren Ohren hallten noch die schrecklichen Huptöne im Tunnel.

Erich verließ auf der ersten Ausfahrt nach Genua die Autobahn und fuhr auf der Via Austria, dieser wunderschönen Küstenstraße am Meer entlang. Hella hätte nun glücklich sein können, denn die Schönheit der aus dem blauen Meer aufsteigenden felsigen Berge und der sich an sie schmiegenden Dörfer und Städtchen, Villen und Gärten entlockte in ihrer wechselnden Pracht sogar Karin Rufe des Entzückens. Aber Hella war wie versteinert.

Weit ist der Weg, und es gibt kein Benzin

In Rapallo entdeckte Erich einen Wegzeiger zu einem Campingplatz und folgte ihm kurz entschlossen. Es war ein freundlicher Platz mit eigenem Swimmingpool. Die Sonne schien warm. Sie konnten in Badekleidung das Zelt in Ruhe aufbauen und die wenigen italienischen Wörter ausprobieren. Es war entspannend, aber Hellas Enttäuschung war nicht mehr zu besiegen. Sie hatte gedacht, das Zelt stünde unmittelbar am brandenden Meer, in das abends die Sonne rotgülden versänke. Und nun mußte man für den Eintritt in einen armseligen Swimmingpool pro Person 600 Lire bezahlen. 3600 Lire für nichts.

Auch am nächsten Tag, als sie auf der Europastraße 1 weiter nach Süden fuhren, blieb Hella verbittert, obwohl Erich sich Mühe gab, sie aufzumuntern. Die Fahrt wurde heiß. Sie öffneten alle Fenster. Der Fahrtwind rauschte wirbelnd, die Ohren ermüdend, im Wagen, ohne wirklich zu kühlen. Erich fuhr jetzt immer über 100 Stundenkilometer. Trotzdem wurde Dani und Bigi die Zeit lang. Sie wurden gereizt und stritten miteinander. Endlich erreichten sie Livorno, verließen die Autobahn und fuhren wieder am Meer entlang.

Erich erblickte ein Schild »Ristorante«. Er parkte den Wagen vor dem Gebäude, ohne zu wissen, daß er ein vornehmes und teures Lokal vor sich hatte. Sie saßen mit ihren nicht mehr ganz taufrischen Kleidern an weiß gedeckten Tischen, wurden von zwei Kellnern bedient, kamen trotz Wörterbuch und Langenscheidts Sprachführer mit der Speisekarte nicht zurecht und bezahlten zum Schluß mit viel gratia und prego 45000 Lire.

Die Eltern sahen sich entsetzt an. Hella fragte: »Wieviel ist das?« Der in Mathematik von der Schule mit »ungenügend« eingestufte Martin hatte auf der Serviette schnell dividiert: »Einhundertvier Mark und fünfundvierzig Pfennige«, sagte Martin traurig.

»Geht das nun so weiter?« fragte Hella deprimiert. »Ich meinte, das Zelten sei billig.«

»Sicher«, antwortete Erich hart. »Wenn man an einen Ort fahren würde, den man an einem Tag erreichen könnte. Wenn man unterwegs nicht in einem Restaurant essen müßte. Wenn man nicht so weit führe und so viel Benzin benötigte, dann wäre es billig. Wenn man aber die Familie eine solche große Strecke durch halb Europa hetzt, dann wird es nicht nur anstrengend und gefährlich, sondern auch teuer!«

Erich hatte den Angriff wieder eröffnet. Aber Hella verteidigte sich nicht mehr. Unglücklich fuhren sie weiter.

Von Livorno bis Piombino stand ihnen keine Autobahn zur Verfügung. Sie mußten auf der wegen ihrer vielen Unfälle bekannten, kurvenreichen Küstenstraße südwärts fahren. Sie wurden laufend überholt. Zähneknirschend mußte Erich hinnehmen, daß sogar Schwertransporter bis auf einen Meter Abstand auffuhren, um ihn zu jagen, obwohl er trotz des Anhängers über hundert Stundenkilometer schnell fuhr. Die Fahrt zerrte an den Nerven.

Das Wärmethermometer im Wagen zeigte etwa 45 Grad Celsius. Bigi und Dani jammerten, weinten und stritten miteinander. Karin tat, als wäre sie nicht vorhanden. Vermutlich träumte sie von den Schneefeldern Norwegens und einem dazu passenden Skilehrer. Hella grämte sich. Erich fuhr. Und Martins Versuche, die kleinen Geschwister zu erheitern, hatten keinen Erfolg mehr.

»Ich müßte tanken«, sagte Erich. Durch die beim ADAC eingekauften Benzingutscheine war wenigstens der Sprit billiger als in Deutschland. Der Vorteil wurde allerdings durch die italienischen Autobahngebühren wieder zunichte gemacht. Im ganzen gesehen, war auch das Fahren teurer.

Erich hielt an einer Tankstelle. Es war seltsam still. Kein Mensch war da. Auf einem Schild stand CHIUSO. Sie sahen im Wörterbuch nach. CHIUSO hieß schlicht geschlossen.

»Seht! Die BILD ist eine ernstzunehmende Zeitung!« triumphierte Karin.

Erich hätte ihr eine Ohrfeige geben können.

»Wie lange reicht der Sprit?« fragte Martin.

»Wenn ich sparsam fahre, vielleicht bis Piombino. Vielleicht auch nicht.«

Erich fuhr sparsam, immer genau achtzig Stundenkilometer. Er ließ die kleinen und die großen Italiener überholen und hupen, soviel sie wollten. Er mußte den Kraftstoff einteilen.

Die Spannung wuchs von Tankstelle zu Tankstelle. Aller Augen hingen besorgt an dem sich langsam senkenden Zeiger der Benzinuhr. Sobald eine Tankstelle in Sicht kam, spähten sie, ob das ominöse Schild CHIUSO sie auch hier abweisen würde. Es war immer da.

Hellas Magenwände krampften sich zusammen. Sie war an allem schuld. Erich hatte nicht so weit fahren wollen, nicht nach Italien und schon gar nicht auf eine Insel, wo man von den Streiks abhängig war.

Wie schrecklich wäre es, wenn sie mit den Kindern irgendwo an der Landstraße liegenblieben! Es war nicht auszudenken. Ihr wurde ganz schlecht. Erichs Ängste vor der Abfahrt, über die Hella gelacht hatte, machte sie nun selbst durch.

Erich bog nach Piombino ab. Bald kam ein Zeltplatz, der vom ADAC empfohlen war und von ihnen als Übernachtungsplatz angesehen worden war. Aber an der Rezeption erklärte ihnen ein freundlicher Herr, halb deutsch, halb englisch, und auch ein wenig italienisch redend, daß der Platz leider completto sei.

Ratlos sahen sich Hella und Erich an.

Sie müssen im Hotel übernachten, und Dani wird krank

Die Autofähre, die sie von Piombino zur Insel Elba befördern sollte, war für den kommenden Tag, 7.20 Uhr, reserviert. Ein anderer Termin war schriftlich von der Fährgesellschaft nicht angeboten worden. Nun hofften sie, daß sie heute nachmittag noch einen Platz auf einer Fähre bekämen, um Elba zu erreichen. Sonst müßten sie in einem Hotel oder auf der Straße übernachten.

Mit den letzten Tropfen Benzin fuhren sie nach Piombino hinein. In der Stadt war es unerträglich heiß. Sie entdeckten Wegweiser mit der Aufschrift AUTOTRAGETTO, die auch zum PORTO wiesen. Dort, im Hafen von Piombino, herrschte ein unübersichtliches Durcheinander. Erich schloß sich einer Autoschlange an, ohne zu wissen, was daraus werden würde. Hinter ihm hielten weitere Wagen, so daß er nicht mehr zurückstoßen konnte. Es war sicher falsch, aber es war der einzige Platz, wo er hatte halten können.

Erich stieg aus und fragte einen Herrn, wo die Fähren nach Elba ablegten. Aber der Mann verstand kein Wort deutsch. Erich probierte es auf englisch. Das war auch nichts. Ein vorbeigehender Herr hörte das und mischte sich ein: »Ich habe Ihre Frage gehört«, sagte er hilfsbereit. »Mit welcher Linie wollen Sie fahren?«

»Mit TOREMAR.«

»Haben Sie Tickets?«

»Nein.«

»Sind Sie wenigstens vorgemerkt?«

»Ja, aber erst für morgen um 7.20 Uhr.«

»O Mann«, seufzte der fremde Deutsche. »Dann müssen Sie versuchen, aus dieser Autoschlange wieder herauszukommen. Hier fährt die Fähre nach Korsika ab.«

»Warum steht das nirgends?«

Der Fremde zuckte resignierend die Achseln. »Solch eine Frage stellt man in Italien nicht. Übrigens da vorne steht es. Aber ganz klein. Wenn sie gegen die Einbahnstraße wieder hier weggekommen sind, müssen sie im Büro der TOREMAR anstehen und versuchen, für heute oder morgen biglietti zu bekommen. Nehmen Sie Ihre Vormerkung mit. Und viel Glück! Ich war nicht angemeldet. Ich stehe seit drei Tagen auf der Warteliste der TOREMAR. Irgendwann werde ich einen Fährplatz bekommen.«

Der Fremde sah mitleidig auf die große Familie, die in dem heißen Auto auf diesem schmutzigen Hafengelände schmachtete, vor ihnen das nicht mehr erstrebenswerte Mittelmeer.

Erich und Martin hängten den Zelt-Caravan ab und

wendeten das Auto. Sie hängten den Anhänger wieder an und drängten sich rücksichtslos hupend durch die Einbahnstraße aus der wartenden Autoschlange, die nach Korsika wollte. Sie fanden sogar eine Parklücke an der Zufahrtsstraße. Dann sagte Erich, Hella möge bitte mit den Kindern in einer der überfüllten Gaststätten auf ihn warten und etwas zum Trinken und Essen besorgen. Er wollte die Karten für morgen früh, oder falls möglich, für heute abend kaufen. Er wäre sehr froh gewesen, wenn er die Hotelkosten hätte sparen können.

Erich ging in die Bürohalle der TOREMAR und prallte zurück, denn hier drängten sich gut zweihundert Menschen in stickiger, stinkender Hitze vor der Verkaufstheke, hinter der in aller Ruhe drei Beamte die heißbegehrten Tickets ausstellen. Keinerlei Ordnung des Anstehens. Jeder drängte und preßte sich nach vorne. Bauch an Rükken. Erich ekelte es bis zum Erbrechen.

Drei Stunden lang stand er eingeklemmt und mühsam atmend zwischen schwitzenden Menschenleibern und drängte sich vorwärts. Die Großen hatten es besser. Sie sahen wenigstens etwas. Vor seinen Augen waren nur immerzu andere durchgeschwitzte Rücken.

Als er schließlich einen Platz an der Theke erkämpft hatte, als er dem gebrochen deutsch sprechenden Beamten die Bestätigung seiner Reservierung zeigte, sagte dieser freundlich, Erich solle morgen wiederkommen. Etwa um 6.30 Uhr.

Erich hätte vor Zorn und Empörung schreien mögen. Aber in einem fremden Land brüllt man nicht. In einem fremden Land ist man höflich, besonders wenn man ein Deutscher ist.

Die Familie lehnte im knappen Schatten einer Hauswand, als Erich aus dem Verkaufsbüro kaum.

»Hast du sie?« fragte Hella.

»Nein.«

»Warum nicht?«

»Du bist gut. Warum nicht?« fauchte er. »Weil die Herren da drin die Karten für morgen erst morgen zu verkaufen geruhen.«

»Dann müssen wir hier übernachten?«

»Ja. Kommt, steigt in den Wagen, wir fahren in die Stadt zurück und suchen ein Hotel.« Das nun völlig entmutigte Häuflein zog stumm hinter Erich zum Auto, das so heiß war, daß man kein Metallteil anfassen konnte.

Als Erich den Motor startete, stand der Zeiger der Benzinuhr auf Null. Eigentlich wäre nun fällig gewesen, daß auch das Auto stehen blieb. Das hätte ganz zu ihrer Pechsträhne gepaßt. Aber es lief. Und – o Wunder! – als sie an einer Tankstelle vorbeifuhren, drehte ein Tankwart gerade das Schild CHIUSO um, und APERTO strahlte ihnen entgegen. Erich riß das Lenkrad nach rechts und hielt neben der Zapfsäule. Hinter ihm bildete sich eine lange Schlange benzindurstiger Autos.

»Gott sei Dank!« seufzte Erich erleichtert. »Wir können wenigstens fahren!«

Sie suchten ein Hotel, nahmen zwei Zimmer für je drei Personen, erfuhren, daß das sechzigtausend Lire kostete und daß sie ihren Wagen und den Anhänger nicht in die Garage stellen konnten, weil diese morgens noch nicht so früh geöffnet würde. Ihnen war alles egal. Sie nahmen die Koffer vom Dachständer und aus dem Wagen, was Dieben erstrebenswert erscheinen konnte, ketteten Anhänger und Auto mit einer Stahlkette fest zusammen und bezogen ihre Zimmer.

Es waren saubere, gut eingerichtete Zimmer mit Dusche und Bad. Sie hätten sich erholen können, wenn Karin nicht dauernd von den Zeitungsberichten über Diebstähle in Italien geredet hätte. Hella war schließlich so ängstlich, daß sie die halbe Nacht am Fenster stand und auf ihr Auto hinabsah, das unten auf der Straße parkte.

Übernächtigt weckte sie früh um fünf ihren Mann und die Kinder. Als sie über Danis Stirn strich, erschrak sie, denn das Kind hatte Fieber.

»Erich!« sagte sie verzweifelt. »Dani ist krank. Laß uns heimfahren!«

Er schüttelte ablehnend den Kopf. »Es wird ein Hitzefieber sein. Auf der Insel wird es nicht so heiß sein. Wir fahren hinüber. Wenn Dani einen Arzt braucht, werden wir dort sicher einen finden.«

Sie brachen auf und fuhren hungrig, weil es so früh noch kein Frühstück im Hotel gab, zum Hafen.

Die Überfahrt nach Elba

Das Hafengelände von Piombino war an diesem frühen, hellen Morgen schon wieder oder noch immer durch viel zu viele Autos und Wohnwagen verstopft. Aber Erich wußte nun, welcher Fahrzeugwurm zur Anlegestelle der Fähren nach Elba kriechen würde. Er ordnete den Wagen richtig ein, ging wieder in die verhaßte Wartehalle der Schiffsgesellschaft, drängelte sich von der Seite her an der Theke entlang zu den Verkäufern und erhielt tatsächlich seine Fahrkarten. Triumphierend schwang er die bunten Papiere überm Kopf, als er zum Auto zurückkehrte, in dem Hella den kranken Dani in den Armen hielt.

Die Schiffssirene der Autofähre kündete an, daß die Beladung begann. Das Heck des großen, weißen Schiffes klappte langsam nach oben, als ob ein riesiger Fisch träge das Maul öffnete. Hunderte von Fahrzeugen standen vor Familie Hallers Auto. Schritt um Schritt bewegten sich die glänzenden, stinkenden Wagen nach vorne. Ein Auto nach dem andern verschwand im Bauche des Schiffes. »Das reicht uns nicht mehr«, stöhnte Martin.

Aber es reichte. Sie durften als letztes Fahrzeug aufs Schiff fahren. Zentimetergenau mußte Erich seinen Wagen und Anhänger auf der steilen Auffahrt zum Oberdeck parken. Als sich das mächtige Heck der Fähre schloß, blieb kaum eine Handbreit Raum zwischen den Rückleuchten des Anhängers und der stählernen Wand.

»Uff!« machte Erich. »Das war knapp.«

Sie zwängten sich durch die Autos hindurch auf das Deck und fanden über Treppen und Zwischendecks zum Vorderschiff. Hoch über dem, das Meer pflügenden Bug fanden sie an der Reeling einen Platz, von dem aus sie auf die aufschäumende, mit zunehmender Fahrt höhergischtende Bugwelle hinabsehen konnten.

Vor ihnen lag das heute leicht gekräuselte, weite, blaue Meer. Vor ihnen im blauen Dunst erhob sich das Ziel ihrer Reise, die Insel Elba, aus dem Meer. Ein kühler Wind strich liebkosend um ihre müden Gesichter.

Erich packte die Kamera aus und begann zu fotografieren. Martin, Karin und Bigi lehnten mit großen leuchtenden Augen am Geländer des Vorderdecks. Aber Hella saß am Ende des Decks auf einer weißen Bank und wiegte den in eine Decke gehüllten kranken Dani auf den Knien, als wäre er ein kleines Kind.

In ihren Träumen hatte sie sich diesen Augenblick, in dem sie zum ersten Mal auf den Planken eines weißen Schiffes über das blaue Mittelmeer fahren würde, voll unendlichen Glücks ausgemalt. Nun war dieser Augenblick gekommen. Schöner, erhabener, strahlender, als sie es sich vorzustellen vermocht hatte, aber sie konnte sich nicht freuen. Sie war übermüdet. Ihre Seele war gänzlich ohne Trost. Das Kind war krank. Erich liebte sie nicht mehr. Er kam kein einziges Mal zu ihr, um nach Danis Ergehen zu fragen. Er fotografierte nur.

Hella fühlte sich verlassen. Jetzt durfte nichts Schlimmes mehr geschehen, sonst konnte sie nicht mehr leben. Sonst mußte sie fortgehen. Von allen fortgehen. Für immer.

Als das Schiff in Portoferraio anlegte, in dieser alten, sagenumwobenen Stadt, von deren dreitausendjahre alten Geschichte Hella gelesen hatte, was sie finden konnte, sah sie kaum zu den beiden mächtigen Festungen auf, zwischen denen einst Napoleon den Palazzo Mulini erbaut hatte. Die verträumte Schönheit der in zarten Pastellfarben sich aneinanderschmiegenden, am Berge hinaufwachsenden Häuser, das weite Rund der von steilen Bergen umgrenzten Bucht und das bunte Treiben der Leute im Hafen vermochten nicht mehr Hellas Seele zu erheitern. Sie war wie versteinert.

Hitze, Staub und ein armseliger Zeltplatz

Erich mußte als erster den Wagen vom Schiff fahren. Da er in der Enge zwischen der Schiffswand und dem neben ihm stehenden Wagen die Vorderräder des Peugeot nicht zur Seite lenken konnte, war es ihm auch nicht möglich, den Anhänger auf die Stahlbohlen zu führen, die den Höhenunterschied zwischen dem vollbeladenen, tiefliegenden Schiff und dem Anlegekai ausglichen. Was sollte er tun? Er war nervös. Einige Italiener erkannten Erichs mißliche Lage, hängten den Caravan ab und schoben ihn auf den Kai. In ihrer fremden Sprache lustig redend, koppelten sie dort die beiden Fahrzeuge wieder zusammen und winkten der fortfahrenden Familie nach.

»Es sind hilfsbereite Leute«, stellte Erich fest. »Man darf nicht von der schlechten Organisation in Piombino ausgehen.« Er war froh, daß er nach der zentimetergenauen Rangierarbeit auf dem Schiff, die ihn Nerven gekostet hatte, nun wieder auf einer zwar schmalen, aber asphaltierten Straße fahren konnte, die sie steil und kurvenreich in die Berge Elbas hinaufführte. Auf dem Bergrücken unterhalb des Pericole öffnete sich ihnen ein wunderbarer Blick von hoch oben auf das weite Meer und die Bucht von Biodola. Die Sonne stand noch hinter ihnen im Osten, und die Wellen glitzerten und glänzten wie Silber.

»Hella, sieh!« rief Erich. »So hast du es dir doch vorgestellt!«

Aber Hella gab keine Antwort. Das kranke Kind in ihren Armen war eingeschlafen. Danis geöffnete Lippen bekamen trockene Risse.

Erich bog in eine kleine Straße ab, die steilabfallend in die Bucht hinunterführte. Unten grüßte sie ein aus Brettern gezimmertes Portal, das in den Campingplatz hineinführte. Sie waren am Ziel.

Der Zeltplatz bestand aus vielen, durch starke Mauern abgestützten Terrassen, die steil bis hinunter zur Straße am Meer angelegt waren. Hier oben empfing sie ein geschotterter Parkplatz, neben dem das Verwaltungshaus, die Dirizione, stand.

Dort sprach man fließend deutsch. Die Vorbestellung wurde überprüft, der Vertrag ausgestellt und ein kleiner Platzplan ausgehändigt, auf dem die Wege und Stellplätze eingetragen waren. Der Platz Nr. 2, der am obersten Weg, direkt neben dem Sanitärhaus lag, war angekreuzt. Erich runzelte die Stirn. Das war weit entfernt vom Meer. Ob es keinen anderen Platz gäbe, fragte er, näher am Meer. Die Dame lächelte bedauernd. Es war alles besetzt.

Nichts Gutes ahnend, machten sich Erich und Martin zu Fuß auf den Weg, um den Stellplatz zu besichtigen. Er war leicht zu finden. Es war die einzige freie Stelle. Sonst drängten sich auf jedem Fußbreit Boden Zelte und Wohnwagen. Wenige Meter neben ihrem Platz stand das Wasch-, Dusch- und Toilettenhaus. Erbost stellte Erich fest, daß er hier während der ganzen Nacht die Wasserspülung hören würde. Der Stellplatz war außerdem zu klein. Sie maßen Länge und Breite und wurden sich klar, daß ihre Wagendeichsel auf der anderen Seite in den Weg hineinragen würde, wenn sie vor dem Zelt auch nur etwas über einen Meter Raum zwischen der abfallenden Mauer und dem Zeltportal ließen. Es bestand die Gefahr, daß ein vorbeifahrender Wohnwagen die Deichsel erfassen und ihr ganzes Zelt zusammenreißen konnte. Sie würden kaum vor dem Zelt sitzen können, geschweige, daß man von einem Spielplatz für die Kinder reden konnte. Und das Schlimmste: Der Boden bestand aus zentimetertiefem feinem Staub.

»Hier bleiben wir nicht!« sagte Erich erbittert. Ein vorbeigehender, schon braungebrannter Zelter hörte es und riet: »Bleiben Sie! Ich war nicht angemeldet und suchte mit meiner Familie sechs Tage lang, auf der ganzen Insel von Zeltplatz zu Zeltplatz fahrend, nach einem Stellplätzchen. Alles ist überfüllt. Hier ist es noch am besten.«

»Aber der Staub?«

»Ja nun. Elba ist Elba. Da ist es nichts mit grüner Wiese. Es hat drei Monate lang nicht geregnet.« Der Mann ging weiter. Er schien zufriedenzusein.

»Sollen wir bleiben?« fragte Erich seinen Sohn.

»Ich glaube schon«, antwortete Martin. Er fürchtete sich davor, diese Situation seiner deprimierten Mutter mitzuteilen. Sie holten also die Familie und die Fahrzeuge zu dem enttäuschenden Stellplatz.

Entsetzt fragte Hella: »Hier?«

Erich nickte nur mit dem Kopf.

»In diesem Staub?«

»So wolltest du es. Elba! Wie du es befohlen hast. Von der Hitze und dem Staub stand wohl nichts in deinen klugen Büchern.« Er setzte den Streit fort, aber Hella hatte keine Kraft mehr, sich zu wehren.

»Und das Auto?« fragte Martin.

»Müssen wir auf dem Parkplatz vor der Dirizione lassen.«

»In dieser Hitze?«

»Ja.«

Mißmutig begannen sie den Zelt-Caravan aufzustellen. Unglücklicherweise überdrehte dabei Martin die Feststellungsschraube eines der stählernen Stützbeine, so daß der Anhänger überhaupt nicht aufgestellt werden konnte. Zwei Stunden lang versuchten Vater und Sohn die sehr komplizierte Spezialschraube so zu unterlegen, daß das Gewinde wieder faßte. Immer, wenn sie meinten, die Lösung gefunden zu haben, war es wieder nichts. Die Sonne stieg höher und brannte unbarmherzig auf die schattenlose Familie herab, bis sich Hella mit den Kindern in den Schatten eines fremden Wohnwagens zurückzog, dessen Besitzer nirgends zu sehen waren. Als der Anhänger stand, erhob sich Erich mit hochrotem heißem Kopf aus dem am ganzen Körper klebenden Staub. Er litt unter starken Herz- und Kopfschmerzen.

»Hella«, rief er, »hol uns bitte in dem kleinen Laden etwas zu trinken und zu essen.«

»Ich kann nicht. Ich muß bei Dani bleiben.« Sie hatte den Kleinen neben sich in dem schmalen Schatten des Wohnwagens liegen und beobachtete ihn sorgenvoll.

»Dann soll Karin gehen!«

»Karin ist nicht da«, sagte Hella kleinlaut.

»Was heißt: Karin ist nicht da?«

»Sie hat einige junge Leute getroffen und ist mit ihnen weggegangen.«

Erich war sprachlos vor Empörung. Er und Martin schufteten sich hier ab, und das gnädige Fräulein ging spazieren! Schnell sagte Martin: »Ich gehe. Ich nehme Bigi mit. Darf ich ihr ein Eis kaufen?«

Erich gab ihm den Geldbeutel und setzte sich erschöpft in den Schatten einer Hecke. Weit weg von Hella. Der staubige, unwirtliche Platz lag zwischen ihnen.

Endlich brachten Martin und Bigi Bier, Wasser und Cola, Brötchen und Dosenmarmelade. Sie aßen und tranken und fühlten sich danach etwas besser. Erich hatte allerdings das kühle Bier zu schnell in den leeren Magen geschüttet und verlor in dieser Hitze fast sofort die Selbstkontrolle über sich. Während sie das Zelt auseinanderschlugen und ausspannten, schimpfte und nörgelte er an allem herum, bis sogar Martin die Lust zur Mitarbeit verlor und sich in zorniger Verzweiflung in den Staub vor das Zelt setzte. Hella bat ihn, auf Dani zu achten, und half nun mit. Einerlei, wie sich ihr Mann benahm – das Zelt mußte stehen. Sie brauchten ein Dach über dem Kopf.

Als die inneren Dekorstoffe das kleine Zuhause wohnlich machten und die Campingküche funktionierte, war Erichs Rausch vergangen. Er schlug vor, zum Meer hinunterzugehen und zu schwimmen. Martin und Bigi gingen mit, während Hella bei dem kranken Dani bleiben mußte.

Sie legte das Kind auf eines der Betten, setzte sich daneben und weinte in sich hinein.

Warum nur hatte sie Erich gezwungen, auf dieser heißen Insel zu zelten? Warum nur hatte sie nicht auf ihn gehört? Gut, er war oft sehr spröde, aber er hatte ein praktisches Urteil, was ihr so ganz und gar abging. Warum nur wollte sie ihre immer verdrängten Sehnsüchte nach Weite und Schönheit und Freiheit verwirklichen, wenn es auf dieser ganzen Welt doch nichts gab, was diese Sehnsüchte stillen könnte? Alles war unvollkommen. Alles war nie das Ganze. Was man auch tat, alles mißlang. Nie, nie, nie gab es das Ganze.

Dani schlief ein. Was sollte sie mit ihm machen? Das Herz klopfte in ihren Schläfen wie schwere Hämmer.

Hella schwimmt zu weit ins Meer hinaus

Als Erich, Martin und Bigi nach etwa einer Stunde zurückkamen, waren sie zwar geschwommen und den Staub los, aber Erichs Tiefstimmung war in keiner Weise besser geworden.

»Das da unten ist eine miese, armselige Bucht«, schimpfte er. »Genausogut hätten wir am Bodensee zelten können! Das haben wir nun von deinem eigensinnigen Dickkopf: einen staubigen, kleinen Platz, eine Hitze, die einen verrückt macht, und ein Meer, das nicht besser ist als ein Baggersee! Und das Schlimmste ist, daß wir das noch zwei Wochen lang aushalten müssen, weil wir erst am 19. August wieder mit der Fähre zurückfahren können! Lieg nicht herum! Mach das Zelt auf, damit Luft herein kann! Kauf ein! Koch das Abendbrot!«

Hella tat alles, was er ihr geboten hatte. Sie suchte, wie und wo man das Zelt belüften konnte. Sie ging zu dem kleinen Laden oben neben der Dirizione, kaufte Brötchen, Teigwaren, Eier und Büchsenwurst. Sie kochte Nudeln und briet sie, mit Eiern übergossen, in der Pfanne. Sie deckte den Tisch, auch für Karin, die noch nicht wieder erschienen war. Sie spülte nach dem Abendbrot das Plastik-Geschirr, wusch Bigi im Duschhaus, versorgte Dani und zog einen blauen Bikini an. Sie ließ ihren finster dreinblickenden Gemahl in seinem Campingstuhl sitzen, sah sich nicht mehr um, nicht nach Erich, nicht nach Martin, nicht nach Bigi, nicht nach dem fiebernden Dani. Sie ging ohne Abschied fort.

Hella ging barfuß fort. Ihre zarten, nicht ans Barfußgehen gewohnten Füße schmerzten über jedem Stein und auf den rauhen Betonstufen, die zum Meer hinunterführten. Es dunkelte schon, als sie zwischen den kleinen Strandrestaurants hindurch ans Meer ging. Der feuchte Sand wurde kühl. Das Meer war sehr still. Kaum, daß eine kleine Welle ein wenig am Sande hinaufleckte. Hella sah nach Westen. Zwischen Korsika und Capraia sank am Horizont eine große, rote Sonne ins Meer. Von der Sonne bis zu der müden Frau breitete sich eine goldene, glitzernde Straße über das tiefe Meer.

Einen Augenblick lang war Hella versucht zu beten. Es wäre wohl gut, wenn man betete, ehe man dort war, wo die Sonne und das Leben versanken. Aber Hella betete nicht.

Sie ging ins Wasser hinein. Einige Steine taten ihr weh. Dann wuchs die Tiefe. Hella schwamm der sinkenden Sonne entgegen. Sie war keine gute, keine trainierte Schwimmerin. Sie beherrschte keinen der Schwimmstile der Menschen ausreichend. Aber die goldene Sonne rief.

Doch plötzlich war die Sonne im Meer versunken. Die goldene Bahn verlöschte. Nach einer Weile schwamm Hella trotzig in die Düsternis hinein. Dann kroch die Angst zu ihrem Herzen.

Hella sah zurück zum Ufer. Schrecklich weit entfernt brannten die kleinen, bunten Lichter der Strandcafés. Sie kehrte um. Hastig schwamm sie zurück. Ihre Kräfte würden kaum ausreichen, ans Ufer zu gelangen. Sie befahl sich, ruhig zu bleiben. Sie wechselte die Schwimmarten: eine Weile Brust, eine Weile Rücken. Sie versuchte zu kraulen, aber das ging am schlechtesten. Auf der Seite schwimmend, brauchte sie am wenigsten Kraft. Es war sehr weit bis zum Ufer.

Als ihre Füße an die Steine des Bodens stießen, war es beinahe Nacht. Sie kroch auf Händen und Knien am sandigen Strand hinauf. Sie zitterte am ganzen Leib vor Überanstrengung und Entsetzen. Sie hatte ihrem Leben ein Ende setzen wollen und liebte es doch mit allen Fasern ihres Leibes und ihrer Seele. Sie schalt sich ein dummes Weib. Sie schmiegte ihr nasses Gesicht in den Sand, und ein abgrundtiefes Schluchzen erschütterte ihren ganzen Körper. Dann raffte sie sich auf und ging in Richtung des Zeltplatzes bergauf. Sie verfehlte die Stufen, die sie herabgestiegen war, und stieg weiter oben an der Straße in eine steile Streppe hinein, die sie geradewegs zum Campingplatz hinaufführte. Tief atmend blieb sie oben an einem Tor stehen, das sich öffnen ließ. Sie sah sich um. Hier, auf den Terrassen über der hohen, von der Straße aufragenden Hauptmauer, standen mehrere kleine Hauszelte unter Eukalyptusbäumen.

Neben einem dieser kleinen Zelte lehnte ein weißes Motorrad an einem Baumstamm. Hella trat in der Dunkelheit zu der schweren Maschine und entdeckte an der Seite des Tanks das weißblaue BMW-Zeichen. Das Nummernschild sagte ihr, daß das Motorrad im Fichtelgebirge beheimatet war. Kein Zweifel: Serafim war hier.

Der seltsame Fremde kam durch die Dunkelheit den Weg herab und sah sie neben seinem Motorrad stehen. »Guten Abend«, sagte er. »Sind Sie gut angekommen?«

»Unser Kleinster ist krank«, sagte sie.

»Soll ich helfen?« fragte er. »Ich bin Arzt. Verzeihung, ich vergaß, mich vorzustellen. Kolb. Dr. Jakob Kolb.«

»Unsere Kinder nennen Sie Serafim«, sagte Hella. »Das seien die ganz schnellen Engel.«

Serafim lächelte. »Was fehlt Ihrem Jüngsten?« fragte er.

»Fieber.«

»Wie hoch?«

»Ich weiß nicht. Ich habe hier kein Thermometer. Ich weiß nicht, wie hoch das Fieber ist.«

»Gehen Sie in Ihr Zelt und ziehen Sie sich um«, sagte er. »Sie sind zu weit hinausgeschwommen.«

»Ja.«

»Ich sah Ihnen zu. Ich wollte Ihnen schon nachschwimmen. Aber Sie kehrten selbst zurück. Das war besser.«

Hella stand klein, elend und hilfesuchend vor dem großen Mann, dessen schneeweiße Haare sein altes, dunkles Haupt wie einen Helm bedeckten.

»Ich komme gleich«, sagte er. »Ich werde es niemand sagen, daß Sie zu weit geschwommen sind.«

Sie ging mit schnellen Schritten zu ihrem Zelt hinauf, wo Erich sie erwartete, um ihr wegen ihres langen Wegbleibens Vorwürfe zu machen. Aber sie sagte nur: »Serafim ist auf dem Platz. Er ist Arzt und heißt Dr. Jakob Kolb. Er wird gleich kommen und nach Dani sehen.«

Die Kinder richteten sich in ihren Schlafsäcken erwartungsvoll auf. Hella trocknete sich ab und zog einen trokkenen Badeanzug an. Erich wußte nicht, wie er darauf reagieren sollte. Serafim kam, nur mit der Badehose bekleidet, wie hier alle Leute gingen, zum Zelt. Als er gebückt durchs Portal schlüpfte und ins Licht trat, sahen sie, daß er tiefgebräunt war.

»Guten Abend, Herr Haller! Guten Abend, Kinder!«

»Woher wissen Sie unseren Namen?« fragte Erich.

»Ich las ihn auf dem Platzplan in der Dirizione. Ihre Frau sagte, Dani habe Fieber.«

»Treten Sie doch näher«, sagte Erich, der nicht sicher war, ob der Fremde Gutes bringen würde.

Dr. Kolb untersuchte Dani. Sein Gesicht entspannte sich. »Es ist nichts Schlimmes«, gab er bekannt. »Das Herzchen ist in Ordnung. Die Bronchien sind frei. Es war wohl etwas viel für den kleinen Mann. Ich erlebe das oft. Die lange Reise. Der Klimawechsel. Die Hitze. Ich werde ihm eine Arznei für die Nacht geben und morgen wieder nach ihm sehen. Aber wahrscheinlich ist das morgen nicht mehr nötig.«

Der Arzt nahm aus seiner Tasche ein Arzneifläschchen, bat um einen Löffel mit Zucker, ließ vor den Augen Danis einige Tropfen darauf fallen und gab den Zucker dem Kind. Dani ließ die süße Arznei langsam im Munde zergehen und sah Serafim mit großen Augen an.

Die erste Gute-Nacht-Geschichte

»Jetzt erzähle ich den Kindern noch eine Gute-Nacht-Geschichte«, sagte der Arzt. »Dann schlafen sie ein.«
Serafim setzte sich auf den Fußboden des Camping-Hängers; Hella, Erich und Martin nahmen auf den oberen Betten Platz, die Kleinen lagen in ihren Schlafsäcken zu Serafims Füßen und sahen erwartungsvoll zu ihm auf.

Er begann: *Es war einmal ein uralter Rabe von dem edlen Geschlecht der Kolks. Er wohnte auf einer ebenfalls sehr alten Fichte, die in einem unendlich großen, dunklen, kühlen Wald stand. Der Wald war so groß, daß die kleinen Tiere darin niemals bis an seine Grenze gekommen waren. Nur der alte Rabe Kolk war auf seinen einsamen, weiten Zügen über Städte und Dörfer geflogen, über weite Felder, über Gebirge und Meere und Wüsten. Er hatte fremde Länder gesehen, auch seltsame Tiere und die unbegreifli-*

chen Menschen. Nun war er alt und hatte die Absicht, sein Alter in Ruhe und Frieden in diesem großen Wald zu verbringen.

Aber an einem hellen Frühlingsmorgen war es aus mit seiner Ruhe. Die Singvögel jauchzten und pfiffen ihre glücklichen Lieder. Die Bäume trieben junge Sprosse und helle Blätter. Selbst die alte Fichte, auf der Kolk wohnte, bekam nochmals kleine Grünlinge an den Spitzen ihrer Zweige. Der Rabe Kolk neckte sie deshalb, aber sie schwieg – wie immer.

Der Rabe Kolk hob seinen rechten Flügel ein wenig. Das tat er immer, wenn ihn etwas beunruhigte. Von ferne hörte er das abscheuliche Geknatter eines Menschenfahrzeugs, das die Bergstraße heraufschnaufte, an der die große Fichte stand. Der Rabe kannte fast alle Fahrzeuge der Menschen, die durch den einsamen Wald fuhren. Wenn das grüne Auto des Grünen Mannes kam, rief Kolk mit seiner lauten, heiseren Stimme sein warnendes »Kor-Kora!« über den Wald, um die Tiere rechtzeitig zu warnen. Der Grüne Mann haßte ihn deshalb und hatte auch schon einmal sein Todesrohr auf den Raben gerichtet. Aber Kolk hatte sich lautlos in die Zweige fallen lassen. Er hatte viel Erfahrung. Er war kein junger Vogel mehr.

Argwöhnisch äugte der Rabe auf das fremdartige, riesengroße Fahrzeug hinunter, das wie ein Wurm aus drei Teilen bestand. In dem vorderen Kasten sah er Menschen. Auf dem langen flachen Anhänger standen Käfige, in denen jene fremdartigen Tiere eingesperrt waren, die er in Afrika gesehen hatte, große Katzen mit gelben Fellen und braune, dickbepelzte mächtige Tiere, für die der Rabe keinen Namen hatte. Auf dem dritten Wagen standen weitere Käfige, in denen kleine Pelztiere, die fast aussahen wie Menschen, sich ängstlich und frierend aneinander drängten. Arme Tiere, dachte der große Rabe und war froh, daß er frei war und fliegen konnte, wohin er wollte.

Doch da sah er etwas, was sein Herz schneller schlagen ließ: ein Junges von diesen Menschentieren zwängte seinen kleinen Kopf durch die Gitterstäbe seines Käfigs, machte sich ganz dünn und schlüpfte ins Freie. Mit einem schnellen Sprung setzte es von dem fahrenden Menschenwagen hinüber auf einen großen Sandstein am Rande der Straße. Stolz richtete sich das kleine Kerlchen in der fremden Freiheit auf und winkte seinen Eltern nach.

»Er ist verloren«, dachte der Rabe. »Er wird im kalten deutschen Wald verhungern und erfrieren. Er ist es gewohnt, daß die Menschen das Futter bringen. Aber hier wird niemand für ihn sorgen. Oder – was viel sicherer ist – der Fuchs wird ihn fressen, den kleinen Kerl, oder der schnelle Marder oder der Uhu oder der Habicht. Kolk sah traurig und mitleidig auf das kleine verlorene Tierchen herab.

Kolk war es gewohnt, immer den Himmel mit seinen scharfen Augen zu überprüfen. Er erschrak, denn da oben kreiste Hakennase, der Habicht. Der Rabe mochte den Habicht nicht leiden, weil dieser ohne Gnade all die kleinen Tierchen tötete, die er nur irgendwie erwischen konnte. Er selbst hatte vor Hakennase keine Angst, auch nicht vor seiner noch größeren Frau, die jetzt ihre Jungen aufzog. An ihn, den Raben, wagte sich keiner heran. Aber der Habicht zog seine Kreise enger über dem kleinen Menschentierchen da unten. Kolk kannte das. Er hatte das hundertmal beobachtet: erst flog der Habicht immer kleinere Kreise, dann stieß er hinab.

Im Herzen des alten Raben entbrannte ein schwerer Kampf. Er war, als die Jahre des großen Krieges die Wälder und Tiere Ostpreußens vernichteten, hierhergeflogen, um seine Ruhe und seinen Frieden zu haben. Sollte er wegen eines kleinen, dummen Tierchens diesen Frieden aufgeben?

Aber der Habicht zog seine Kreise enger. Er wußte, daß das dumm war, was er tat, aber er stieß sich ab und flog hinunter auf den Sandstein, auf dem das kleine fremde Tierchen saß.

Der Affenjunge erschrak sehr, als der große schwarze Vogel mit dem glänzenden Gefieder und dem mächtigen, furchterregenden Schnabel flügelschlagend vor ihm landete.

»Hab keine Angst!« sagte der Rabe so leise und zärtlich, wie er es mit seiner Rabenstimme nur sprechen konnte. »Ich heiße Kolk. Ich bin ein Rabe. Nicht eine von den schreienden Krähen, die alles zerhacken. Einer von der alten Familie der Kolkraben.«

Der große Rabe verneigte sich höflich, wie es sich eben für einen Kolkraben gehörte. »Und wer bist du?«

»Ich bin ein Affenjunge. Einer von der großen Familie der Rhesusaffen. Wir wohnen in einem warmen Land, die Menschen haben uns gefangen genommen und uns in Käfige gesperrt. Aber – heute bin ich ihnen entwischt.«

Der kleine Affe schaute stolz in das bekümmerte Gesicht des Raben. »Ich heiße Fips!«

»Das klingt lustig!« sagte Kolk. »Aber über uns kreist der Habicht. Er will dich fressen. Wenn du Vertrauen zu mir hast, dann klammere dich mit deinen Armen und Beinen an meinem Leib fest, damit ich dich hinauffliegen kann auf die Große Fichte.« Der Rabe öffnete den Schnabel ein wenig, als ob er lächeln wollte. Weil er merkte, daß der Affenjunge vor diesem versuchten Lächeln eher Angst bekam, strich er mit der Flügelspitze ein wenig über das dünne Fell des Jungen, so zart ein alter Rabe das vermochte. Seine Frau, seine tapfere, die im Kampf gegen den Adler gestorben war, hatte es auch so gemacht bei den Jungen.

»Ich habe Vertrauen zu dir«, sagte Fips und klammerte sich an die harten Bauchfedern des Raben. Kolk startete mit aller Kraft. Als er hochflog, schoß der Habicht an ihm vorbei auf den leeren harten Sandstein.

Er wird einen schönen Zorn auf mich haben, dachte Kolk, als er mit dem Jungen auf der Großen Fichte landete. Das freute ihn im Tiefsten seines Rabengemüts.

»Hier wohnen wir«, sagte Kolk. »Hoffentlich bist du schwindelfrei!«

»Und ob«, sagte Fips. »Ich war in unserem Stamm der beste Jugendkletterer.«

Kolk sah, daß der Kleine fror. Er öffnete seinen rechten Flügel und ließ Fips darunter sitzen. Er plusterte seine Flaumfedern auf, damit es der Junge schön warm hatte, und merkte bald, daß Fips einschlief. Ein warmes tiefes Gefühl der Liebe durchzog das alte Herz des Raben. Er sah hinauf in den hellen blauen Himmel, ob er es wohl recht gemacht hatte. Er dachte an seine Frau, die tapfere, die immer gesagt hatte: Das Leben zu hüten ist das Größte.

Als Serafim aufgehört hatte zu erzählen, fragte Bigi: »Darf Fips nun immer bei dem Raben bleiben?«

Serafim sah auf seine Armbanduhr. Es war 23 Uhr. »Ihr müßt nun schlafen«, sagte er. »Wenn ihr wollt, könnt ihr morgen, wenn es dunkel wird, zu mir ins Zelt kommen. Dann erzähle ich weiter.«

»Jeden Abend weiter?« fragte Dani.

»Ja. Jeden Abend weiter. Legt euch jetzt auf die rechte Seite und schlaft ein. Gute Nacht!«

Dani und Bigi legten sich auf die rechte Seite und schliefen schnell ein.

Serafim, Erich, Hella und Martin traten vor das Zelt in die warme Nacht hinaus. Serafim zeigte zum Himmel. »Dort ist der Nordstern«, sagte er. »Mein erster Blick sucht immer den Nordstern. Ich muß die Richtung im Gefühl haben.« Er schnüffelte. »Es kommt Wind auf. Dann läßt die Hitze etwas nach. Das Zelten will gelernt sein. Elba hat eine harte Sonne. Sie müssen den Tag teilen. Morgens schwimmen, mittags Siesta halten, nachmittags und abends schwimmen oder die Insel erkunden. Sie dürfen sich nicht der Mittagssonne aussetzen.«

Der Mond stieg hinter dem Monte Pericole auf. Es war fast Vollmond. Karin schlich sich zum Zelt. Serafim betrachtete ihr Gesicht im Mondlicht.

»Sie sind sehr schön«, sagte er. »Gute Nacht!« Er entschwand im Schatten der Mimosen und Eukalyptusbäume.

Hella dachte, er sei wirklich ein Serafim oder ein sehr alter, sehr weiser Rabe.

Sie krochen in ihre Schlafsäcke. Hella legte sich, als gehorche auch sie dem Befehl des Fremden, auf die rechte Seite und schlief sofort ein.

Erich lag noch eine Weile wach. Er versuchte, den langen Tag seit ihrer Abfahrt im Hotel von Piombino zu rekonstruieren. Er staunte, wie lange ein Zelttag sein konnte. Wo war wohl Karin gewesen? Er würde sie morgen fragen. Es war still auf dem Platz. Erich fühlte sich trotz der dünnen Zeltwände seltsam sicher. Er schlief ein.

Ein schöner, erholsamer Tag

Irgendwo krähten Hähne. Erich richtete sich auf. Milchiges Morgenlicht erfüllte das Zelt. Neben ihm schlief Hella. Ihr gelöstes Gesicht war ihm zugewandt. Er betrachtete es, wie er es seit Jahren nicht mehr betrachtet hatte. Zuneigung erfüllte ihn, die lange von all den Sorgen und Terminen im Beruf und im Kirchengemeinderat verschüttet gewesen war.

Er sah zu den Kindern hinüber. Karin und Bigi hatten den roten Vorhang, der ihr Schlafteil abschirmt nicht ganz zugezogen. Erich konnte ihre Gesichter sehen. Wie verschieden seine beiden Töchter geraten waren. Wieder mußte er denken, daß Karin mit ihrem fremdländischen Gesicht, als flosse fernöstliches Blut durch ihre Adern, ungewöhnlich schön war. Sie war kein Kind mehr. Erich hatte keine Ahnung, was in ihr vorging. Jedenfalls war sie gegen ihn in den Krieg getreten. Sie ging sonst nicht mehr mit der Familie mit. Es war erstaunlich, daß sie mit ihnen nach Elba gefahren war. Das Abenteuer und die ferne Insel, mit denen man in der Schule renommieren konnte, mochten sie wohl gelockt haben.

Erich beugte sich über Danis Gesicht. Behutsam legte er seine Hand auf die Stirn des Kindes. Dani war nicht mehr heiß. Erleichtert atmete Erich auf. Dieser Arzt, dieser Dr. Kolb, dieser Serafim verstand sein Handwerk.

Leise, um die andern in ihrem noch tiefen Schlaf nicht zu wecken, schälte sich Erich aus seinem Schlafsack und trat in den tiefen Staub des Vorzeltes. So konnte das nicht bleiben. Er dachte nach.

Dann holte er aus dem Auto, das auf dem Parkplatz stand, die Plastikplanen, die er am Vierwaldstätter See gekauft hatte. Leise räumte er das Vorzelt aus, legte die Planen auf den Staub und betrachtete sein Werk. Es war sehr gut.

Inzwischen war es sieben Uhr geworden. Er ging in den Laden, kaufte zehn Bastmatten, wie sie gerne von den Badenden am Strand benützt wurden, und legte damit das Vorzelt und den Platz zwischen dem Zelt und der abstürzenden Mauer aus. Der Staub war weg.

Sehr befriedigt räumte er das Vorzelt wieder ein, kaufte im Laden noch Haken und Kleiderbügel, nahm einige leere Obstkisten mit und baute an der Seitenwand des Zeltes eine Art Regal, auf das er die Koffer stellte. Er hängte die Haken an das Zeltgestänge und die Kleider über die Bügel und erreichte so eine wohnliche Ordnung, die den Aufenthalt im Zelt erleichtern würde, da alle mehr Platz hatten und ihre Sachen finden konnten.

Nun hatte Erich nichts mehr zu tun. Diese Tatsache versetzte ihn in Ratlosigkeit, denn das war seit Jahren nicht geschehen.

Er setzte sich, nur mit der Badehose bekleidet, in einen Campingstuhl vors Zelt und tat eben nichts. Im Zelt schliefen sie immer noch. Er freute sich darüber. Er war stolz, daß er das alles so leise hatte schaffen können, daß niemand aufgewacht war.

Lange hielt er das Nichtstun nicht aus. Er holte das Losungsbuch der Herrnhuter Brüdergemeine aus dem Reisegepäck und las den Lehrtext für Samstag, den 4. August 1979:

»Wie oft habe ich deine Kinder versammeln
wollen, wie eine Henne ihre Küchlein
versammelt unter ihren Flügeln;
und ihr habt nicht gewollt!«

Erich wußte, daß dies Christus kurz vor seiner Kreuzigung zu den Leuten von Jerusalem gesagt hatte, aber Erich dachte nun an Karin. Auf den Gedanken, sein eigenes Verhältnis zu Christus zu überprüfen, kam er nicht. Er dachte an Karin. Wenn sie nicht glauben wollte, daß es einen Gott gab, so stand ihr der Unglaube frei. Sein Herz wurde schwer, als er über seine schöne Tochter nachdachte.

Ein entzückter Ausruf aus Hellas Mund holte ihn aus den schweren Gedanken zurück: »Erich! Erich! Wo hast du die Matten her? Du bist ja fantastisch!«

Ihre Hände legten sich liebevoll auf seine Schultern. Sie streichelte ihn dankbar.

»Pst! Leise! Laß die Kinder schlafen, bis sie aufwachen. Der Urlaub hat begonnen«, flüsterte er.

Sie duschten und stellten fest, daß man beim Zelten eigentlich nur drei Kleidungsstücke brauchte: eine Badehose fürs Schwimmen, eine Badehose fürs Trockene und eine Badehose für den Sonntag. Dann lachten sie über ihre weiße Hautfarbe, mit der sie unter den braungebrannten Zeltern auffielen. Sie lachten beide zum ersten Mal wieder seit vielen Wochen.

Als der Kaffee auf dem Tisch vor dem Zelt duftete, kam Dani herausgekrochen und rieb sich die Augen.

»Ist hier Elba?« fragte er.
»Ja. Hier ist Elba.«
»Gibt es auf Elba auch ein Klo?«
»Ja.«
»Dann geh ich hin.«

Erich stand auf, nahm ihn bei der Hand und ging in Richtung Sanitärhaus. Hella hörte den Jungen sagen: »Ist schön hier. Ich bin nicht mehr krank. Guck! der Himmel! Ganz, ganz blau!« Sie sah ihnen dankbar nach. Sollte es doch geschehen, daß die schrecklichen, trostlosen Wochen zu Ende waren? Einfach, weil ihr Zelt auf Elba stand?

Der Tag blieb glücklich, bis auf die beunruhigende Tatsache, daß Karin sich nach dem Frühstück Brote zubereitete, einpackte und erklärte, sie würde zu Mittag nicht ins Zelt kommen. Sie hätte einige junge Leute kennengelernt, Franzosen, Italiener und Deutsche, bei denen sie den Tag verbringen wollte. Sie würden sich sagenhaft verstehen.

Ihre Eltern wußten nicht, wie sie sich verhalten sollten.

Erich fragte: »Wann wirst du zurück sein? Wir haben vor, heute abend die Insel zu erkunden.«

»Ich weiß noch nicht«, sagte sie leichthin. Sie winkte ihnen lässig zu und hüpfte leichtfüßig davon. Die Familie blieb betroffen zurück.

Hella fragte: »Hätten wir es ihr verbieten sollen?«

Erich fragte zurück: »Wäre sie geblieben, wenn wir es ihr verboten hätten?«

Sie gingen hinunter zum Strand und fanden einen Pfad, der an den fast senkrecht aus dem Meer aufsteigenden Felsen vorbei in eine andere Bucht führte, die den Badenden einen weiten Sandstrand bot. Glücklich stellten sie fest, daß sie hier ideal baden konnten. Ihre Freude wuchs noch, als sie entdeckten, daß das Meer nur langsam tiefer wurde, so daß Bigi und Dani ungefährdet ins Wasser gehen und das Schwimmen lernen konnten. Sie steckten den Sonnenschirm in den Sand und bauten ein Lager darum.

Abwechselnd spielten sie mit den Kleinen im Sand oder gaben ihnen Schwimmunterricht, schwammen selbst hinaus ins Meer, dessen Wasser so klar war, daß sie ihren eigenen Schatten auf des Meeres Grund sehen konnten. Martin tauchte nach Fischen. Meist lagen Hella und Erich still im Schatten ihres Sonnenschirms, schliefen ein wenig, sahen über die Bläue des Meeres hinweg oder hinauf zu den Felsmassiven des Monte Capanne und des Monte Giova. Die Weite der See und die Schroffheit der Berge bildeten einen in seiner Schönheit erschütternden Gegensatz, den zu betrachten sie nie satt werden würden.

Trotz all der Schönheit gingen sie, Serafims Rat gehorchend, in ihr Zelt hinauf, als die Sonne am höchsten stand. Hätte ein anderer ihnen dies geraten, hätten sie darüber gelächelt. Aber weil Serafim es gesagt hatte, taten sie es. Welch ein seltsamer Mann.

Die Geschwister entdecken Karin

Als die Eltern nach dem Essen im Schatten der Eukalyptusbäume schliefen, machten sich Martin, Bigi und Dani auf, um Karin zu suchen. Sie strichen durch die stillen Campingwege und verließen, als sie Karin hier nicht gefunden hatten, den Zeltplatz, um am Strand weiterzusuchen. Sie schlenderten durch die kleinen Cafés und Ristorante, stapften bis Biodola und zum Hotel Herimetage und entdeckten schließlich im Schatten einiger Klippen eine Gruppe Jugendlicher, die sich dort gelagert hatten.

Wie Indianer schlichen sich die drei Geschwister näher, krochen durch den Sand und spähten über die Steine hinweg. Sie sahen etwa ein Dutzend junge Männer und Mädchen, die im Sande sich reckelnd miteinander plauderten. Karin war bei ihnen. Ihr Kopf lag auf der Brust eines der Männer. Er spielte mit ihren langen, schwarzen Haaren. Sie sah in die Bläue des Himmels hinauf, rauchte und träumte.

Verwirrt gab Martin den Kleinen das Zeichen zum Rückzug. Er fühlte eine fremde Welt, die er noch nicht betreten hatte, in der Karin nun lebte. Er fühlte eine Gefahr, die er nicht zu definieren vermochte. Am liebsten wäre er zu Karin gegangen und hätte sie einfach mit nach Hause genommen. Aber da wäre er sicher schlecht angekommen. Er fürchtete sich auch vor den jungen Männern, die älter und stärker waren als er. Nach Martins Schätzung mochte der Freund Karins, oder was er nun war, wohl fünfundzwanzig Jahre alt sein. Martin zog sich also zurück. Den Eltern wollte er es lieber nicht sagen.

Als sie zum Zelt zurückkamen, platzte Bigi heraus: »Karin heiratet! Sie hat einen Freund! Sie schnuckelt sich an ihn und raucht!«

Erich schreckte auf. Er hatte nun eben angefangen, die Ruhe des Urlaubs zu genießen, und nun sollte das Theater weitergehen. Er ließ sich von Martin berichten, wo die jungen Leute lagerten, und machte sich auf den Weg, um sie kennenzulernen. Er ging hinunter zum Strand, zog dort die Sandalen aus und eilte barfüßig am Ufer entlang, um seine Tochter zu holen. Zu holen? Würde sie denn mitgehen? Was würde er machen, wenn sie ihm den Gehorsam verweigerte? Wahrscheinlich würde sie das tun. Wie stand er dann da? War es besser, sich vorzustellen: Ich bin Karins Vater – wer sind Sie?

Verunsichert überlegte er, was da vorne an den Felsen das beste wäre. Es war schwierig geworden, Vater zu sein. Sein Vater hätte ihn einfach hinter die Ohren gehauen.

Das heißt: nein. Das war wieder solch ein Klischee, wie er es immer häufiger dachte. Als er so alt war wie Karin, war der Krieg zu Ende. Frankfurt lag in Trümmern, und sein Vater war tot.

Damals war es für ihn leicht, zu einem Erfolgserlebnis zu kommen. Wenn er von den Hamsterfahrten in die Wetterau zurückkehrte und seiner Mutter den mit Lebensmitteln gefüllten Rucksack reichte, hatte er das stolze Gefühl, etwas Wesentliches zum Leben beigetragen zu haben. Oft sagte sie: »Junge, wenn ich dich nicht hätte!« Nein, er durfte nicht mit dem Maß seiner Jugend, deren Umwelt anders war, die heutige Jugend messen. Dort vorne an den Felsen wurde anders empfunden. Das hatten sie sich im Elternseminar in ihrer Kirchengemeinde ja oft genug gesagt.

Doch Erich hätte seinen Kopf nicht so sehr anstrengen müssen, als er am Rande des Meeres durch den Sand eilte, um mit seiner Tochter zu reden; denn vorne an den Felsen war niemand mehr. Nur ein paar leere Weinflaschen lagen im Sand. Erich sammelte die Flaschen auf und steckte sie in eine der Mülltonnen, die am Strand aufgestellt waren.

Er ging, in bittere Gedanken versunken, den weiten Weg zurück zu ihrem Zelt und verstand erstmals die Menschen, die keine Kinder wollten.

Später beschloß die Familie, nach Portoferraio zu fahren und mit der Erkundung der Insel zu beginnen. Wenn man eine Stadt wie Frankfurt im Gefühl hatte, war Portoferraio natürlich nur ein winziges Dorf, aber ein schönes, ein verträumtes, obwohl die Hauptstraße am Fährhafen versuchte, sich städtisch zu geben.

Sie schlenderten am Fährhafen entlang, beobachteten die Ankunft und Abfahrt der Fährschiffe, die die Verbindungen nach Livorno, Piombino und Korsika herstellten.

Sie bummelten durch die malerischen engen Gassen, stiegen die uralten Steintreppen hinauf und hinunter, sahen über die flachen Dächer der eng beisammen stehenden Häuser auf den Jachthafen hinab, in dem Hunderte von kleinen Schiffen aneinandergelehnt schaukelten. Schließlich setzten sie sich auf die Steinmauern der westlichen alten Festung und sahen der Sonne zu, die sich hinter den hohen Gräsern zur Ruhe begab.

Als es dämmerte, drängte Bigi nach Hause. Sie sagte tatsächlich: nach Hause! Sie schlenderten also wieder zum Auto und fuhren auf der Straße in Richtung Procchio bergan. Bei der Abbiegung auf der Höhe des Bergkammes, hielt Erich geblendet an. Unter ihnen sank die Sonne rotglühend ins Meer. Berge und Wolken und alle Wogen der See brannten in glühenden Flammen. Sie stiegen aus und betrachteten staunend die tosende Glut der sterbenden Sonne. Hella schluchzte erschüttert auf. Soviel untergehende Schönheit hatte sie noch niemals gesehen. Sie weinte. »Elba!« schluchzte sie. Und: »Karin! Ach Karin!« Erich hielt sie fest umfangen, bis die Sonne hinter Korsika im Meer versunken war.

Erschüttert und seltsam melancholisch fuhren sie hinunter in die Bucht von Biodola, zogen im Zelt ihre Trainingsanzüge an und gingen zum kleinen Zelt des Arztes, weil die Kinder die Geschichte vom alten Raben und dem kleinen Fips weiterhören wollten.

Die zweite Gute-Nacht-Geschichte

Serafim saß an den Eukalyptusbaum gelehnt auf dem Boden vor seinem Zelt. Er lud die Familie ein, ebenfalls auf den Bastmatten Platz zu nehmen. Unter ihnen rauschte das Meer. Es warf jetzt weiße, lange, laufende Schaumkämme ans Ufer. Wind war aufgekommen. Man konnte etwas leichter atmen.

»Wo haben wir gestern aufgehört?« fragte Serafim die Kinder.

»Als Fips unter dem rechten Flügel des Raben sitzen durfte. Ganz hoch oben auf der Großen Fichte«, sagte Dani. Seine Augen strahlten in Dankbarkeit.

Serafim sah über das dämmernde Meer hinweg und erzählte: *Der kleine Affe war sehr glücklich. Er fühlte sich unter dem mächtigen Flügel des Kolkraben sicher. Aber Kolk war weniger glücklich. Er sah über die Wipfel des Frühlingswaldes hinweg, in dem das Leben nach dem Frost des Winters auferstand und all die Tiere Kinder bekamen – Rehe und Häschen, Mäusekinder und Igelkinder! Tausende von Vögeln brüteten glücklich über den Nestern; und gestern war die Nachricht durch den Wald gerufen worden, daß der König, der größte der herrlichen Rothirsche, einen Sohn hatte. Der ganze Wald hatte den Atem angehalten, denn sie hatten großen Respekt vor ihrem König.*

Aber auch der Fuchs und der Marder und das Wiesel hatten Junge und schlichen auf der Futtersuche mordlustig durch den Wald, um kleine Tiere zu jagen, zu töten und sie ihren Jungen als Futter in den Bau zu tragen.

Nun ja, der Fuchs konnte nicht auf die Bäume klettern. Er war für Fips ungefährlich, solange der Junge auf den Bäumen blieb. Aber der Marder, der alte Martes, der stolz auf dem glänzenden schwarzen Fell den gelben Fleck der Edelmarder unter der Kehle trug, der nie auf eine Tierversammlung ging und das Gesetz und den König verachtete, der tags in seiner Baumhöhle schlief und nachts die kleinen Tiere mordete, der konnte klettern wie ein Eichhörnchen. Martes war gefährlich.

Kolk sah empor in die Lüfte. Über ihm kreiste der Habicht, Herr Hakennase, der mit seinen scharfen schwefelgelben Augen die kleinste Bewegung im Walde erspähte. Jetzt stieß er herab in die Lichtung jenseits des Baches. Der Todesschrei eines jungen Hasen gellte durch den Wald. Stolz flog der Mörder empor. Er trug in seinen Fängen ein kleines Häschen zu seinem Horst in den spitzen Felsen, wo Frau Hakennase ihre drei frischgeschlüpften Jungen hütete.

So konnte der Habicht jederzeit auch Fips töten, wenn der Rabe nicht bei ihm war. Solange er, der alte Rabe Kolk da war, bestand keine Gefahr, denn der Habicht würde es nicht wagen, Kolk anzugreifen. Kolk war im Luftkampf gewandter als der Habicht, und Kolks langer, schwerer Schnabel war all den gebogenen Schnäbeln der Raubvögel überlegen. Aber Kolk mußte ja auch auf Futtersuche gehen, hinüber zu den Feldern, wo die seltsamen Menschen jetzt die goldenen Körner einfach in die Furchen warfen. Was würde aus Fips werden, wenn der Rabe fort war? Ja, wenn Fips ein junger Vogel gewesen wäre, der den Raben auf der Futtersuche hätte begleiten können, hätte es keine Probleme gegeben. Aber er war ein Haartier.

Durch den Kopf des Raben gingen schwere Gedanken. Er dachte an die ekelhaften Krähenschwärme und an den Uhu, der bei Nacht kam. Er dachte an den Roten Milan und an den Bussard. Mit diesen beiden konnte man reden. Nicht reden konnte man mit dem Habicht. Der hatte schwefelgelbe Augen. Nicht reden konnte man auch mit dem Marder. Mit denen mußte man kämpfen. Und – zugegeben – gegen den alten Martes zu kämpfen, getraute sich der Rabe kaum.

Sein Rabenherz war schwer und voll von Sorgen. Nun war er alt. Er wußte nicht genau, wie viele Winter und Sommer er erlebt hatte, und nun sollte er noch für ein kleines Affenjunges sorgen, von dem er nichts verstand und das ihn eigentlich nichts anging. Er war dumm gewesen. Er hätte nicht zu dem Äffchen hinunterfliegen sollen.

Als der Rabe Kolk diese Gedanken gedacht hatte, erschrak er, denn er wußte, daß dieser Gedanke schlecht war. Er schämte sich. Er sah hinauf in den blauen Himmel und sprach mit dem

Großen Vater. Er sprach oft mit dem Großen Vater, wenn er Sorgen hatte, und wenn er glücklich war.

Da störte ihn eine von den frechen Elstern, die eitel und geschwätzig immerzu im Walde Unruhe und Streit stifteten, die Vogeleier stahlen und es im Wald herumschrien, wenn ein Hasenjunge mit einem Hasenmädchen auf der Wiese Fangen spielte. Der Rabe mochte die Elstern nicht leiden.

Die Elster ließ sich frech auf dem gleichen Zweig nieder, auf dem der Rabe saß.

»Schönen, guten Tag«, sagte die Elster. »Geht es Ihnen nicht gut?«

Der Rabe sah an ihr vorbei.

»Sie sehen schlecht aus, Herr Rabe. So dick. So komisch dick!«

Wenn Fips sich nicht unter dem rechten Flügel des Raben verborgen hätte, hätte Kolk mit einem schnellen Schnabelhieb das freche Luder verjagt. Aber er konnte nicht. Das merkte die Elster.

Als der Rabe sich nicht rührte, um sie zu verjagen, wußte sie, daß etwas anders war als sonst. Das reizte ihre Neugier aufs äußerste.

»Was haben Sie denn unter Ihrem Flügel?« fragte sie dreist. Er antwortete nicht. Da rückte die Elster näher heran. Sie trippelte noch einen Schritt, noch einen Schritt und reizte ihn mit frechen Worten.

Kolk hieb mit dem Schnabel nach dem frechen Ding, aber dabei öffnete sich sein rechter Flügel. Die Elster sah beim Zurückweichen das traurige Gesichtchen des kleinen Affen, und – da sie niemals solch ein Tier gesehen hatte – hielt sie es für ein Menschenjunges und flog schreiend davon.

Überall im ganzen Wald schäkerte sie die Botschaft umher: »Der Rabe hat ein Menschenjunges geraubt. Die Menschen werden kommen und ihr Junges suchen. Sie werden alle Tiere töten und den Wald mit Feuer verbrennen!«

Der alte Rabe hörte das Gezeter der Elster. Verzweifelt stellte er fest, daß nun alle Tiere gegen ihn sein mußten. »Komm hervor!« sagte er zu Fips. »Sieh dich um! Das ist der Wald!«

Er erzählte dem aufmerksam lauschenden Kerlchen vom Habicht und Uhu, vom Fuchs und vom Marder und von all den Gefahren des großen Waldes. Dann sagte er: »Du bist leider unter meinen Flügeln nicht mehr sicher. Wir müssen für dich eine Baumhöhle finden, damit du versteckt bist, wenn ich kämpfe.« Aber der Rabe wußte, daß alle Baumhöhlen in dieser Zeit von den Höhlenbrütern besetzt waren. Er hoffte, daß Meister Specht für ihn eine Höhle bauen würde. Er gebot Fips, sich wieder an ihn zu klammern und flog durch den Wald, um die Spechte zu fragen, ob sie nicht eine Höhle für Fips zimmern wollten. Er flog von einem Specht zum andern, aber, wenn sie von dem fremden Menschentierjungen hörten, hatten sie plötzlich keine Zeit mehr. Wortreich erklärten sie dem Raben, wem sie noch alles eine Höhle versprochen hatten, und wieviel sie zu tun hätten.

Es dunkelte schon, als Kolk mit Fips zur Großen Fichte zurückflog. Er fühlte sich verkannt und verlassen. Und er hatte Hunger. Auch Fips hatte Hunger. Sie setzten sich auf der Großen Fichte zurecht und schwiegen enttäuscht. Nun wußte Kolk noch deutlicher als zuvor, wie schwer es für ihn werden würde, den kleinen Affen großzuziehen. Er breitete seinen Flügel tröstend um das zitternde Kind. Es würde eine lange, hungrige Nacht werden.

Da knackte ein Zweig unter ihnen in der Fichte. Aufgeschreckt äugte der Rabe hinunter. Kam Martes? Aber es war nur die Eichhörnchenmutter von der Runden Linde, die in ihrer Baumhöhle gerade drei Kinder pflegte.

Frau Eichhörnchen kletterte bis zu seinem Ast herauf. Wie selbstverständlich setzte sie sich auf den Zweig vor den großen Raben und sagte: »Ich sehe euch beiden jetzt den ganzen Tag zu. Das geht so nicht weiter. Sie müssen Futter holen, und der Kleine braucht ein Nest. Eine Höhle! Bringen Sie den Kleinen zu mir in mein Baumloch. Wenn wir zusammenrücken, schaffen wir das. Im Walde sind jetzt alle gegen Sie und den Kleinen.«

»Und was wird Ihr Mann dazu sagen?« fragte der Rabe.

»Och der, der treibt sich schon wieder irgendwo im Wald herum. Es ist Frühling. Er hilft mir nicht bei der Aufzucht. Der Windbeutel!«

»Aber«, fragte der Rabe, »warum wollen Sie sich auch der Feindschaft des Waldes aussetzen?«

Die Eichhörnchenmutter schaute den kleinen Affen liebevoll an. »Es ist ein Kind«, sagte sie zärtlich.

Kolk gab dem Affen einen Wink mit dem Flügel, das Angebot anzunehmen. Begeistert sah er, wie gut der kleine Affe klettern konnte, als dieser von der Großen Fichte zur Runden Linde hinüberwechselte. Jakob flog nun auch hinüber. Er setzte sich wachend auf den Zweig, an dessen Anfang die Baumhöhle der Eichhörnchen-Familie lag, mitten im Geäst der Runden Linde. Man macht so etwas eigentlich nicht, wenn man ein alter Rabe ist. Ein alter Rabe sitzt ganz oben im Wipfel einer Großen Fichte. Aber was tut man nicht alles, wenn ein Junges einem vertraut!

Aus der Baumhöhle hörte er, daß sie fröhlich speisten. Irgend etwas hatte die Eichhörnchenmutter zu essen aufgetrieben. Der Alte lächelte. Er dachte an seine Frau, die Kolkin, die gegen den Adler gekämpft hatte. Im Herzen der Mütter ist mehr Kraft als in den Muskeln aller Männer zusammen. Der alte Rabe saß die ganze Nacht wach und behütete die Baumhöhle im Geäst der Runden Linde.

Als Serafim diese zweite Gute-Nacht-Geschichte beendet hatte, meinte Dani: »Das war aber nicht lieb vom Fips, daß er dem Raben nichts von seinem Essen gegeben hat.«

Serafim sah den schmächtigen Jungen nachdenklich an. Schließlich sagte er: »Wenn die Jungen zu essen haben, vergessen sie leicht, daß die Alten auch etwas brauchen. Und nun geht schlafen. Wenn ihr wollt, erzähle ich euch morgen weiter.«

Erich denkt deprimiert über seine Ehe nach und betrinkt sich

Als die andern schliefen, lag Erich noch immer wach. Er war beunruhigt, weil Karin immer noch nicht zurückgekehrt war. Auch hatte ihn die Gute-Nacht-Geschichte deprimiert, obwohl dafür kein eigentlicher Grund gegeben war. Der Rabe hatte es mit der Hilfe der Eichhörnchenmutter doch ganz gut geschafft, den Kleinen wieder eine Nacht durchzubringen. Vielleicht war Erich gerade deswegen deprimiert, weil dem Raben alles gelang. Und was gelang ihm?

Als Erichs innere Unruhe so groß geworden war, daß an Schlaf nicht mehr zu denken war, stand er leise auf und setzte sich im Trainingsanzug vor das Zelt. Durch einige Zelte schimmerte noch das warme Licht der Zeltleuchten. Die Lichter erloschen nacheinander, und das Geflüster verstummte. Die schlanken Fingerblätter der Bäume raschelten im Wind. Von ferne rauschte das Meer. Der Vollmond ging auf, und die Sterne wölbten den unerforschlichen Himmelsdom in seiner ewigen Pracht.

Es ist schön hier und still, dachte Erich. Warum überkommt mich nun wieder diese abgrundtiefe Traurigkeit, als hätte mein Leben keinen Sinn, als wäre alles falsch gewesen, was ich unternahm. Es war heute doch schön gewesen! Sehr schön. Nur daß Karin mir Sorgen bereitet. Der Serafim macht es sich zu einfach mit seiner Rabengeschichte. Der Rabe hat es leicht, große Taten zu tun. Er ist ein von der Natur bevorzugter Vogel. Die andern haben Respekt vor ihm. Er ist wie Serafim. Der muß viel Geld haben, der alte Herr, daß er so durch die Welt reisen kann. Er ist groß. Er ist stark. Er ist noch sportlich wie ein Junger. Hella sieht ihn mit glänzenden Augen an, als käme das Heil von ihm. Und wer bin ich? Ein armseliger, dicker, glatzköpfiger, ungebildeter, kurzsichtiger Kleinverdiener.

Erich beugte sich in seinem Campingstuhl vornüber und versank in dumpfes Brüten. Er hätte Hella nicht heiraten sollen. Eine Orchidee paßte nicht zu einem Sauerampfer. Doch – was soll's? Es war so gekommen.

Sie kannten sich schon als Kinder. Sie wurden in der gleichen Kirche konfirmiert. Hella allerdings drei Jahre nach ihm. Damals war er schon im Leitungsteam des Jugendkreises. Er hatte Hella eingeladen, nun, da sie konfirmiert war, auch in den Jugendkreis zu kommen. Das schöne Mädchen hatte ihm immer gefallen. Es hatte jedem gefallen. Hella kam aus »gutem Hause«. Sie war immer nett gekleidet. Sie hatte Geschmack. Immer wie ein Hauch von einer besseren Welt.

Sie waren viel beisammen. Im Jugendkreis. Auf Freizeiten. Sie standen nach den Gottesdiensten vor der Kirche und plauderten, später im Kreis junger Erwachsener. Hella wurde immer schöner. Aber es hätte ihm nicht weh getan, wenn sie mit einem anderen gegangen wäre. Nein, es hätte ihm nicht weh getan. Er hatte nie gedacht, daß sie für ihn bestimmt wäre. Sie hatte das Abitur gemacht und studierte Musik. Und er? Er war ein kleiner Kaufmann. Der Gedanke, sie zu lieben, war ihm in all den Jahren nie gekommen.

Die Bilder seiner Jugend stiegen aus seiner Erinnerung, deutlich, als wäre es gestern gewesen.

Dann kam jener schreckliche Tag, der – wie er jetzt sah – Erichs Entscheidung einleitete.

Sie saßen im »blauen Salon« des Gemeindehauses beisammen und plauderten miteinander, als die Tür aufging und Hella im Türrahmen stand, totenbleich, mit schrekkensweiten Augen. Sie sagte: »Meine Eltern sind tot.«

Erich stand auf. Er ging zu ihr. Er konnte diesen

Schmerz nicht mit ansehen und reichte ihr beide Hände und fragte: »Kann ich dir helfen?«

»Ja. Hilf mir! Bitte, hilf mir!«

Eigentlich war da schon die Entscheidung gefallen, die keine war. So, wie in Serafims Erzählung der Rabe zu dem gefährdeten Jungen hinunterflog, ohne zu überlegen, was daraus für Folgen für ihn selbst entstünden, genauso hatte er Hella die Hände gereicht.

Das war im Sommer 1961. Er war damals zweiundzwanzig, und Hella war neunzehn Jahre alt. Bild um Bild stieg aus ihm auf, als wären die Tore seiner Seelentiefen gesprengt.

Er hatte dann diese entsetzlichen Dinge geordnet: Die Überführung ihrer toten Eltern aus Spanien. Die Beerdigung. Die Verhandlung mit den Gerichten, den Versicherungen und der Polizei. Als alle Verpflichtungen aus dem selbstverschuldeten Autozusammenstoß bezahlt waren, stand Hella mittellos da. Sie mußte das Studium abbrechen. Sie mußte sogar den Flügel verkaufen, auch die Bibliothek ihres Vaters. Dann heirateten sie.

Er glaubte, als Christ so handeln zu müssen. Sie liebten sich wohl. Lange Jahre. Diese unerträglichen Spannungen zwischen ihnen begannen, wenn er es genau betrachtete, etwa vor einem Jahr, als Karin größer wurde und das Wort von der Emanzipation immer häufiger in den Mund nahm. Seither war auch Hella nicht mehr glücklich. Jetzt kam die Wahrheit ans Licht. Sie hätte einen Mann gebraucht wie Serafim. Erich fiel etwas auf, was er so nie gedacht hatte: Eigentlich war er immer dann glücklich, wenn Hella etwas falsch machte. So wie vorgestern, als sie im Straßentunnel bei Genova durchgedreht hatte. Wenn er ihr helfen konnte, wenn er stärker war als sie, empfand er ihre Ehe als gut. Dann war wieder die gleiche Rollenverteilung da wie am Anfang ihrer Ehe. Sie war schutzbedürftig. Er war der Helfer. Er war ihr wegen der gefährlichen Fahrfehler kein bißchen böse gewesen. In solchen Situationen erwachte in ihm sofort der Beschützerinstinkt.

Wenn Hella aber stärker war als er, wenn sie die Dinge bestimmte, wie diese Fahrt nach Elba oder den Kauf des Zeltcaravans, wurde er bitter. Eigentlich war ihre Ehe ein ständiger Kampf geworden, wer die Entscheidungen fällen konnte. Dabei war er nun der eindeutig Unterlegene. Er kam gegen die Sehnsuchtsstruktur ihrer Seele nicht an.

Wer kann sich durchsetzen gegen einen Vogel, der mit beschnittenen Schwingen sich nicht mehr hoch in die Lüfte erheben kann? Immer sehnte sie sich nach etwas, was nicht da war, und was er nicht bezahlen konnte.

Deshalb hatte er ja in diese Reise nach Elba eingewilligt, und – er wußte es wohl – ihr mit diesem seinem Widerwillen alle Freude verdorben. Er wußte es, aber konnte nicht aus seiner Haut. Bei ihm mußte die Kasse stimmen, sonst fühlte er sich unsicher. Mehr noch: Er fühlte sich gegenüber den Kindern schuldig, denn die großen Ausgaben standen ihnen noch bevor: Berufsausbildungskosten, vielleicht Studienkosten für Karin, vielleicht Hochzeiten und Aussteuern. Mit Hella würde er das nicht schaffen.

Bis hierher waren Erichs Gedanken im gewohnten, oft gedachten Zwangskarussell seiner düsteren Gefühle gekreist. Aber jetzt wurden sie härter.

Erich erwog die Scheidung.

Nicht nur von Hella, auch von den Kindern. Nicht, um eine andere Frau zu haben, die weniger kompliziert gewesen wäre. O nein. Nur das nicht. Eine Ehe genügte. Er würde ein billiges Einzelzimmer nehmen. Er würde Hella und die Kinder ausreichend versorgen. Sie mußte dann eben sehen, wie sie mit der Kasse zurechtkam. Das war dann nicht mehr seine Sache. Er würde das bescheidene Leben leben, das er immer wollte, für das er geschaffen war, und seine Ruhe haben. Allein sein, nicht dauernd von neuen, unerwarteten Problemen bedrängt werden, denen er nicht gewachsen war, schien Erich in dieser unglückseligen Nacht das erstrebenswerteste zu sein, das es für ihn gab.

Er ging ins Zelt hinein und holte die Kühltasche heraus. Er öffnete eine Flasche Bier. Seit Bigi geboren war, trank er. Er hatte Bigi nicht gewollt. Karin war damals neun Jahre alt gewesen und Martin sieben. Zwei Kinder wollte er haben. Zwei Kinder waren kalkulierbar. Obwohl – das Verhalten Karins war nicht kalkulierbar – also kein Kind war vorauszuberechnen.

Erich trank die Flasche in einem Zug leer. Er öffnete die zweite. Es war eine sternenklare Nacht, und er trank.

Wenn also schon das Risiko eines Kindes nicht zu kalkulieren war, um wieviel weniger das von vier Kindern. Aber als Bigi ein Jahr alt war, wollte Hella noch ein Kind, damit die beiden Kinder wieder zusammen aufwachsen konnten. Zweimal zwei sind vier. Ein Kind kostet hunderttausend Mark, wenn man die nicht erhaltene Verzinsung des Kapitals dazuschlägt. Also: vierhunderttausend Mark. Aus einem Verdienst! Aus seinem Verdienst! Aber dazu kommt das Unkalkulierbare! Erich öffnete die dritte Flasche.

Wer fragte eigentlich danach, ob er das Geld herbrachte? Wer? Hella etwa? Karin etwa? Martin vielleicht. Nun, er war ein guter Junge. Zweifellos. Doch. Wirklich. Ein guter Junge. Aber zu jung. Wenn er verdienen wird, wird es leichter werden. Aber das war noch lange. Lange! Bis dahin war Erich allein. Allein. Ganz allein. Einsamkeit.

Erich öffnete die vierte Flasche.

Seine Gedanken verloren ihre Worte. Was blieb, waren Gefühle tiefen Elends. Und Hella war an allem schuld!

Er versuchte, die matt gewordenen Leuchtziffern seiner

alten Armbanduhr zu entziffern. Es war fast zwei Uhr. Und Karin war noch nicht da. Sie scherte sich nicht um sein Gebot. Er hatte hier nichts mehr zu sagen. Sie war eine freche, eingebildete Rotznase.

Jetzt war Karin an allem schuld. In Erichs, durch den Alkohol der Kontrolle beraubten Gemüt konzentrierten sich alle aufgestauten Aggressionen auf Karin.

Er trank die fünfte Flasche leer und wartete, bis Karin käme, um ihr zu zeigen, wer hier Herr im Hause war. Jawohl! Der Herr im Hause! So ging man nicht mit ihm um. Nicht mit ihm.

Erich schlägt Karin – Karin geht fort

Es war lange nach drei, als Karin ins Zelt schleichen wollte. Aber vor ihr stand ihr Vater, ein dicker Klotz im Mondenschein, ekelhaft nach Bier stinkend. Sie versuchte, sich an ihm vorbeizustehlen. Aber er erfaßte ihre Arme mit hartem Griff.

»Wo kommst du her?«

»Das geht dich nichts an!« sagte sie trotzig.

»So? das geht mich nichts an? Bezahlen kann ich für dich! Verantwortlich bin ich für dich! Aber was du treibst, geht mich nichts an?«

Sein Griff wurde härter. Er tat ihr weh.

»Laß mich los!« zischte sie. »Du bist ja besoffen!«

Da schlug er zu. Mehrmals. Sie duckte sich, versuchte ihr Gesicht zu schützen und floh ins Zelt. Er folgte ihr und schlug wieder zu, wieder und immer wieder. Sie heulte auf. Er ließ von ihr ab, kroch in seinen Schlafsack und begann zu schnarchen.

Hella war entsetzt aufgefahren, auch Martin. Sie sahen

in der dämmernden Dunkelheit dieser schlimmen Nacht, daß Karin wimmernd ihr geschlagenes Gesicht befühlte und dann in ihren Schlafsack kroch. Aber sie wagten nicht, etwas zu sprechen, was ihr helfen würde.

Daß sein guter Vater Karin prügelte, hatte Martin nicht erwartet, doch nahmen seine Gedanken den Vater in Schutz. Karin hatte ihn schon lange über alle Maßen provoziert.

Hella dagegen nahm Erich nicht in Schutz. So würde er am liebsten sie auch verprügeln. Nach diesem schönen Tag! Nach dem Schwimmen und Portoferraio und dem Sonnenuntergang! Aber das kam nur vom Bier. Sie haßte den Alkohol. Jetzt war alles zu spät! Gestern hatte sie eine Weile gehofft, es würde ganz von selbst zwischen ihnen wieder gut werden. Aber nun war Erich so primitiv böse gewesen, daß sie ihn nicht mehr lieben konnte. Verzweifelt erwog nun auch Hella die Scheidung, bis sie schließlich in ihrem Jammer wieder einschlief.

Darauf hatte Karin nur gewartet. Als sie sicher war, daß alle schliefen, als sie dies an den Atemzügen und Vaters Schnarchen erkannte, stand sie auf, nahm ihre Kleidung, stopfte sie in die Reisetasche, stahl aus Erichs Brieftasche alles Papiergeld und verließ katzengleich das Zelt.

Ihr Freund, der sie liebte, der mit ihr ein neues, wunderbares Leben aufbauen würde, ihr Freund, der sie sagenhaft verstand, dessen Küsse und Hände sie glücklich machten, hatte sie schon den ganzen Tag zu überreden versucht, mit ihm zu fliehen. Nun hielt sie nichts mehr! Schlagen ließ sie sich nicht. Sie war eine erwachsene Frau. O nein! Schlagen ließ sie sich nicht!

Sie eilte durch den mondhellen Campingplatz hinunter zum Strand, wo ihr Freund mit drei anderen jungen Männern nächtigte. Sie nahm die obere Treppe, die bei Serafims Zelt auf die Straße hinabführte.

Serafim konnte in dieser Nacht nicht schlafen. Das war für ihn nicht schlimm. Er war fast siebzig Jahre alt und brauchte nicht mehr viel Schlaf. Er saß auf dem Boden unter seinem Baum und sah still über das im Mondenschein schimmernde Meer hinweg. Er beobachtete den strahlenden Erdtrabanten, wie er sich anschickte, hinter dem Monte Capanne unterzugehen. Serafim glaubte, die Drehung der Erde zu empfinden, so still war er. Er redete mit Gott. Sein Leben lag in Christi Händen.

Da sah er Karin vorbeihuschen. Er sah, wie sie die Treppe hinabhüpfte, auf der Straße entlang zum Strand eilte und bei den Klippen in der Dunkelheit untertauchte.

Der alte Mann wurde unruhig. Nach einiger Zeit konnte er mehrere gepäckbeladene Gestalten erkennen, die zu den schweren Motorrädern gingen, die dort unten aneinandergekettet parkten. Serafim hatte sich diese Maschinen einmal interessiert angeschaut, Kawasakis und Suzukis mit Hamburger Nummerntafeln. Er hörte die Ketten klirren, als die Maschinen voneinander gelöst wurden. Die jungen Leute schwangen sich in die Sättel, Karin setzte sich hinter einen der Männer auf eine Maschine. Es gab keinen Zweifel, Serafim konnte es in der Dunkelheit sicher erkennen. Sie schlang ihre Arme um den Fahrer und legte ihren ungeschützten Kopf auf dessen Schultern. Die vier Motoren heulten auf. Sie brausten bergan. Der Donner der schweren Motorräder hallte in den nächtlichen Bergen der Insel wieder.

Serafim fährt nach Portoferraio, um Karin zu suchen

Der alte Mann kämpfte mit sich selbst. Er war alt, und sie waren vier. Dann stand er auf und zog seinen Motorradanzug an. Er setzte den Helm auf und stand stramm vor dem sternenhellen Himmel. Er hatte Zeit. Wenn sie das Mädchen entführen wollten, mußten sie in Portoferraio die Fähre benutzen. Die erste Fähre legte um sechs Uhr ab. Jetzt war es kurz nach vier Uhr. Sie mußten anstehen und ihre Biletti kaufen. Er mußte sich nicht allzusehr beeilen.

Wenn sie jedoch auf der Insel bleiben wollten, hatte er kaum Chancen, sie zu finden. Sie konnten sich überall verstecken; in der undurchdringlichen Macchia, diesem stacheligen Niederurwald, vor dem der Mensch kapitulieren mußte, oder in den vielen kleinen, verborgenen Buchten, die schon den Seeräubern Unterschlupf gewährt hatten. Seine ganze Hoffnung war, daß sie die Insel mit der Fähre verlassen wollten.

Auch wenn es Ärger auf dem Zeltplatz wegen der Ruhestörung geben würde, er startete seine BMW und fuhr, so leise, wie es eben möglich war, die steilen Platzwege hinauf. Die Ausfahrt vor dem Parkplatz war durch eine gespannte Kette gesichert. Serafim legte die Maschine auf die Seite und schob sie unter der Kette hindurch. Nun konnte er fahren. Der Kampf begann.

Er fuhr schnell die kurvenreiche Straße zum Paß hinauf und dann nach Portoferraio hinunter. Das Gefühl war wieder da, das ihn als Jugendlichen erfüllt hatte, wenn er mit seinem Vater in den Winterwäldern Ostpreußens zur Wolfsjagd geritten war. Seine Fäuste faßten den schmalen Lenker des Motorrads fester. Mit jeder der durchbrausten engen Kurven wuchs seine Kampfeslust.

In Portoferraio sah er sie auf dem Verladekai in der Reihe der wartenden Autos und Wohnwagengespanne stehen. Vom Meer her näherte sich die Fähre.

Serafim konnte nur drei Mann erkennen. Der vierte war wohl im Officio, um die Fährkarten zu kaufen. Das war gut. Wenn es zum Kampf kam, waren drei weniger als vier. Er schlängelte sich mit seiner Maschine zwischen den Autos hindurch und stoppte vor den jungen Leuten. Karin sah ihn fassungslos an.

»Guten Morgen!« sagte Serafim und lüftete das Visier seines Helms. »Fräulein Karin, ich bin gekommen, um Sie zurückzuholen. Sie sind im Begriff, einen großen Fehler zu machen. Nehmen Sie bitte Ihre Gepäcktasche von der Kawasaki und schnallen Sie sie auf den Gepäckträger meines Motorrads. Ich fahre Sie zurück.«

Karin wollte sich entrüsten, aber der Fahrer der Kawasaki kam ihr zuvor. Feindselig sagte er: »Opa, mach's halblang. Verschwinde! Sonst fliegst du ins Wasser.«

Serafim lächelte spöttisch. Er wollte den Burschen reizen. Karin mußte sehen, was das für einer war. »Ah, der Herr will kämpfen. Wie im Mittelalter. Ein Duell um eine Dame. Schön! Sehr schön! Wie wünschen es der Herr? Fäuste oder Ringkampf? Oder soll ich den kleinen Dreckskerl, der ein fünfzehnjähriges Mädchen entführen will, einfach wie eine Katze im Hafenwasser ersäufen?«

Der junge Mann schlug zu. Serafim wehrte ab und hieb seine Faust mit einer Gewalt, die aus dem tiefsten Zorn seines Herzens kam, unter das Kinn des Gegners. Der junge Mann wankte, sein Kopf wackelte hin und her. »Na«, fragte Serafim, »es wird doch nicht schon zu Ende sein, wo es jetzt so schön gemütlich wird.«

Da zog der junge Mann aus dem Stiefelschaft ein langes Messer.

»Nein!« schrie Karin. »Das darfst du nicht! Das nicht!«

Serafim beobachtete ihn mit kalten Augen. Er hörte wieder seinen Vater unterrichten: Wenn die Schneide des Messers in des Gegners Hand nach oben gerichtet ist... Sie war nach oben gerichtet. Als der Gegner zustieß, faßte Serafim, zur Seite springend, dessen Arm und bog ihn blitzschnell auf den Rücken. Das Messer fiel klirrend zu Boden. Serafim stieß es mit dem Fuß ins Wasser. Er drehte den Arm des Unterlegenen weiter zurück, daß sich dieser wimmernd auf dem Boden wand. Dabei hatte Serafim die beiden andern immer im Auge. Aber sie griffen nicht ein. Verblüfft beobachteten sie den alten Mann in seinem weißen Motorradanzug, der den jüngeren im schwarzen Dreß heulen lassen konnte, wie er wollte. Der Gegensatz der Farben gab dem Kampf etwas Unwirkliches. Als ob ein Engel mit einem Teufel ränge.

»Sehen Sie ihn sich an, Karin! Schauen Sie ihn genau an! Mit einer solchen heulenden Memme wollten Sie fliehen. Mit einem Messerstecher. So wie er das Messer gegen mich erhob, so hätte er es auch gegen Sie erhoben, wenn Sie nicht alles getan hätten, was er wollte. Nehmen Sie jetzt Ihr Gepäck, und schnallen Sie es auf meine Maschine!«

Sie tat es.

»Und du kleiner, schmutziger Mädchenheld, du wirst so etwas nicht mehr tun. Du wirst von dieser Insel verschwinden. Oder ich werde dich eigenhändig im Meer ersäufen; denn wer ein Kind ärgert, dem wäre es besser, daß man einen Mühlstein an seinen Hals hänge und ihn ersäufte im Meer, wo es am tiefsten ist.«

Er ließ ihn los.

Der Kerl saß auf der Erde und versuchte jammernd seinen verrenkten Arm zu bewegen. Schmerzensbleich starrte er zu Serafim empor. Der wandte sich ab, setzte sich auf sein Motorrad, wartete, bis Karin aufgestiegen war, und fuhr durch die nun von allen Seiten herzueilenden Menschen davon.

Sie fuhren bis zu dem kleinen Ristorante am Pericole, wo die Straße nach Biodola abzweigte. Serafim aß dort gerne eine Pizza, weil man von dort den schönen Blick über das Meer hatte. Im Osten ging gerade die Sonne auf. Das Meer schimmerte hell.

»Wie geht es jetzt weiter?« fragte Serafim das Mädchen.

»Ich weiß es nicht«, sagte Karin kleinlaut.

»Ich auch nicht«, gestand er. »Wir wollen versuchen, ob wir in dem Ristorante schon etwas zu essen erhalten. Ein heißer Kaffee wäre jetzt nicht verkehrt.«

Serafim pochte an die Tür der Gaststätte. Ein noch verschlafen aussehender Herr sah heraus. Serafim sprach mit ihm italienisch. Sie durften eintreten und bekamen Kaffee mit Brötchen und Schinken.

»Es sind freundliche Leute, diese Italiener«, stellte der Arzt fest. »Sie sind nicht so grundsätzlich wie wir. Sie sind nicht so hart wie wir. Sie wollen leben und das Leben genießen. Sie lachen mehr als wir. Sie decken einem außerhalb der Geschäftszeit den Tisch. Sie bringen es nicht so weit wie wir, aber ich denke, so im ganzen gesehen, sind sie glücklicher.«

Mit dieser hingeredeten Betrachtung über ihre Gastgeber versuchte Serafim die Scham zu überreden, die in ihm aufstieg, weil er geschlagen hatte.

Karin saß ihm bleich und übernächtigt gegenüber und verschlang ihr Frühstück. Er schob ihr noch eines von seinen Panini zu.

Dann fragte er wieder: »Wie geht es jetzt weiter?«

Sie zuckte die Schultern, weil sie keine Antwort wußte. Sie sah zum Erbarmen aus. Müde, mit blauen Flecken im Gesicht.

»Sollen wir auf den Campingplatz hinunterfahren?« fragte er.

Sie zuckte wieder nur mit den Schultern.

»Sie haben Angst vor Ihrem Vater«, sagte er. »Er hat Sie geschlagen.«

»Woher wissen Sie das?«

»Ich sehe es. Ich schlage folgendes vor: Sie bleiben hier ein wenig sitzen und essen noch ein Panino. Ich fahre hinunter zu Ihren Eltern und benachrichtige sie, damit sie sich nicht sorgen. Dann komme ich wieder hierher. Dann fahren wir hinauf auf den Monte Capanne. Ich möchte dort oben mit Ihnen reden. Danach können Sie gehen, wohin Sie wollen. Einverstanden? Oder soll ich jetzt einfach verschwinden und Sie allein lassen?«

»Ich warte hier auf Sie«, sagte sie müde.

Serafim fuhr ab und war bald wieder zurück.

»Ist mein Vater böse auf mich?« fragte sie ängstlich.

»Ich weiß es nicht. Ich traf nur Martin und informierte ihn, daß Sie bei mir sind.«

Sie fuhren nach Procchio hinunter, am Meer entlang bis Marciana Marina und dann hinauf in die Berge zum Parkplatz der Kabinenbahn, die sie zum höchsten Berg der Insel hinauftragen sollte.

Die Kabinen-Seilbahn auf den Monte Capanne beförderte ihre Fahrgäste in kleinen korbartigen Stehkabinen, die nur für zwei Personen Platz boten, etwa zwanzig Minuten lang über die Pinien- und Kastanienwälder, die Macchia und Geröllhalden schwebend, zum über tausend Meter hohen Gipfel hinauf. Die Cabionovia nahm gerade den Betrieb auf, als Serafim und Karin das Motorrad auf dem Parkplatz abstellten. Serafim schloß das Fahrzeug mit zwei Ketten an einen Baum.

»Den Helm sollte ich wohl mitnehmen«, meinte er. »Wenn ein Junge diesen Helm sieht, wird die Versuchung zu groß, ihn mitzunehmen.«

»Denken Sie, daß die Jugend stiehlt?«

»I wo. Bewahre!« Er wog seinen weißen Helm in der Hand. »Nur so etwas! Ob da ein Jungenherz nicht überfordert wird?«

»Ich habe heute nacht Vaters Geld aus der Brieftasche

gestohlen«, gestand Karin. Sie holte eine ganze Hand voll zerknitterter Lirescheine aus ihrer Jeanstasche.

»Das ist übel!« sagte Serafim. »Er wird es suchen. War das alles, was er bei sich hatte?«

»Ich denke.«

»Das kompliziert die Sache. Nun ja, er kann bei der Dirizione einen Euroscheck einlösen, bis Sie es zurückbringen.«

»Ich wage mich nicht mehr ins Zelt«, sagte sie hilflos.

»Sie haben etwas getan, was er nie von Ihnen gedacht hätte. Er hat etwas getan, was Sie nie von ihm gedacht hätten. Eins zu eins in eurem Krieg. Doch fahren wir hinauf auf den Monte Capanne.«

Serafim legte den teuren Helm einfach auf den Sattel des Motorrades und schritt in Richtung Kabinenbahn.

»Ihr Helm«, erinnerte ihn Karin.

»Lassen wir liegen«, lächelte er. »Wir werden sehen, ob er noch hier ist, wenn wir herunterkommen. Es wäre wie ein gutes Zeichen Gottes.«

Sie sprangen in einen der vorbeischwebenden Körbe der Cabionavia. Serafim schloß die Gittertür. Die Kabine schaukelte heftig. Unter ihnen glitten die stacheligen Kastanien vorbei. Der Wald wurde niedriger. Die Macchia sah von oben weniger feindselig aus, als wenn man sich in sie auf dem Boden wagte. Geröllhalden und Felsspalten lagen unter ihnen. Sie schwebten immer höher hinauf in das Massiv des Monte Capanne. Majestätisch gleiste im Morgenlicht der vergoldete Fels des Monte Giova.

»Drehen Sie sich um«, bat Serafim. Karin sah hinunter zum Meer. Unter ihr lag die tiefblaue See, die die Insel umschäumte. Puppenklein schmiegten sich die Dörfer der Menschen an die Berghänge und Buchten.

»Verstehen Sie, warum ich mit Ihnen hier oben sprechen wollte?« fragte er. »Ich war einmal einen ganzen Tag und eine ganze Nacht hier oben. Eine ganze Nacht zwischen Himmel und Erde.«

In der Bergstation half Serafim elegant dem Mädchen, aus der Kabine zu springen. Sie stiegen zum Gipfel empor und ließen sich auf einem einladenden Stein nieder, sorgfältig die harten Gräser meidend, die wie Seeigel stachen.

Karin konnte kaum atmen, weil es auf dem Gipfel des Monte Capanne so unsäglich schön war. Die Sonne tauchte nun Felsen, grüne Berge, Täler und Küsten mitsamt dem weiten Meer in ein silbernes Licht. Das Auge erfaßte die Nordküste und die Südküste und all die wilde, herbe Pracht mit einem Blick. Der Wind toste um den alten Mann und das Mädchen. Korsika, Capraia und die andern Inseln des toskanischen Archipels sahen von ferne zu ihnen herauf.

Die beiden Menschen schauten und schwiegen. Nach langer Zeit des Schauens führte Serafim das Mädchen über Felsbrocken vom Gipfel weg zu einer windgeschützten Nische im Gestein. Dort setzten sie sich nieder.

Serafim erzählt Karin von den Schmerzen seiner Jugend

»Ich möchte Ihnen etwas aus meiner Jugend erzählen«, sagte Serafim. Vor ihnen lag nun sehr deutlich sichtbar die Insel Korsika.

Ich war etwa so alt wie Sie, als ich mich das erste Mal meinem Vater widersetzte. Vielleicht war ich auch etwas älter.

Ich war der jüngste von fünf Söhnen. Wir wuchsen auf einem Gut in den Masuren auf. Das Haus stand unter alten Ahornbäumen inmitten der Scheunen und Stallungen. Weite Felder, unendliche Wälder, Sümpfe und Seen. Meine Jugend war schön.

Ich war neun Jahre alt, als mein Vater aus dem Ersten Welt-

krieg zurückkam. Er war Rittmeister und durch und durch der preußischen Disziplin ergeben. Er war eine Kämpfernatur. Er lehrte uns reiten und schießen. Er lehrte uns ringen und boxen und mit dem Messer kämpfen. Er lehrte uns fechten, mit dem Degen und mit schweren Säbeln. Er war ein guter Landwirt. Er lehrte uns, das Land zu bebauen. Arbeit und Pflichterfüllung waren die selbstverständlichen Grundelemente seines Lebens. Und er war fromm. Er hielt sich zu den Ostpreußischen Brüdern, hielt täglich mit uns die Frühandacht, an der die Arbeiter und Hausangestellten teilnahmen, auch unser Privatlehrer, der uns unterrichtete; denn die nächste Schule wäre zu weit entfernt gewesen, um täglich dorthin zu reiten. Vater war eine starke Gestalt.

Nie vergesse ich, wie er auf der Wolfsjagd einen Wolf mit den bloßen Händen von einem Manne riß, der von hinten angefallen worden war. Ich sah sein herrliches Gesicht, als er den Wolf erwürgte. O ja, Vater war stark.

Als ich siebzehn Jahre alt war, sprach Vater mit mir über meine Zukunft. Es war im Frühling 1927. Wir gingen am See entlang. Die Birken grünten; die Wasservögel brüteten im Schilf. Mein Vater schlug mir vor, das Internat des Gymnasiums in Königsberg zu besuchen, das Abitur zu machen und Medizin zu studieren.

Mein ältester Bruder studierte auf der Landwirtschaftlichen Hochschule. Er würde das Gut übernehmen. Der zweite war auf der Kadettenschule. Er wollte Offizier werden. Der dritte war schon auf dem Internat in Königsberg. Ihn zog es zur Technik. Der vierte war krank. Er fuhr im Rollstuhl, und mein Vater wandte keinem seiner Söhne soviel Zeit und Liebe zu wie ihm. Ich war darauf eifersüchtig. Ich schäme mich, es Ihnen zu sagen, aber nur die Wahrheit hilft. Mein Vater schlug mir vor. Medizin zu studieren. »Bedenke es«, sagte mein Vater. »Bete darüber. Jedes Leben braucht seinen Sinn. Arzt zu sein, Menschen zu helfen, deucht mir sinnvoll. Bedenke es!«

Ich bedachte es auf weiten einsamen Ritten. Ich stimmte zu, das Gefängnis des Internats auf mich zu nehmen um des Berufes willen, den Menschen zu helfen. Vater war froh. Auf diesen Ritten – mein Pferd hieß übrigens Vasa – durch die einsamen Wälder verirrte ich mich auf fremdes, mir unbekanntes Gebiet. Ich fand eine Köhlerei. Hohe Meiler glosten vor sich hin.

Ich erblickte sie zum ersten Mal. Sie stand, sehr zart, von einer dunklen scheuen Schönheit umgeben, inmitten der rauchenden Holztürme. Niemals hatte ich solche Schönheit bei anderen Mädchen gesehen. Sie sah aus wie Sie, Karin.

Karin blickte gebannt in Serafims wetterbraunes, durchfurchtes Gesicht.

Ja, wie Sie, nur ängstlicher, scheu wie ein Reh. Sie blieb in ihrem grauen, weiten Arbeitskleid zwischen den rauchenden Meilern stehen und sah mir errötend entgegen.

Ich stieg vom Pferd, ging zögernd zu ihr und nannte meinen Namen. Sie hieß Maruschka. Als sie diesen Namen aussprach, als ich ihre Stimme hörte, durchliefen mich nie zuvor empfundene Gefühle. Man nennt das wohl Liebe, aber es sind Sturzbäche aus feurigem Wasser, die in wilden Schluchten zerstieben. Wir sprachen miteinander. Ich erzählte von meinem Leben auf dem Gut. Sie sprach von ihrem Wald und den Meilern und von ihrem Vater, dem sie den Haushalt führte. Sie erzählte von ihren Fahrten in die Stadt, wo sie die Holzkohle verkauften, und von den Tieren des Waldes, denen sie Namen gegeben hatte.

Dann hörten wir das Knarren eines nahenden Wagens. Sie bat mich, zu gehen, weil es ihr Vater nicht gerne sah, wenn sie mit Fremden sprach.

Ich ritt nach Hause mit einem Herzen, das verwirrt und schwer war. Ich schlief kaum in jener Nacht und ersann eine List, um mich in Maruschkas Haus einzuschleichen. Ich wollte mich bei ihrem Vater nach den Preisen seiner Holzkohle erkundigen.

Das tat ich am nächsten Tag. Er war ein herber Mann, miß-

trauisch und verwildert, so daß mir Maruschka leid tat, weil sie mit einem solchen Vater zusammen im einsamen Wald leben mußte. In den folgenden Nächten schmiedete ich Pläne, wie ich Maruschka aus der Herrschaft des Drachen befreien könnte.

Natürlich fiel es meinem Vater auf, daß ich nun oft verschwunden war. Aber er fragte mich nicht. Er wußte wohl, daß Jugend Freiheit braucht. Es war Frühsommer, und die Wölfe hatten sich nach Osten zurückgezogen. So ließ er mich reiten und wiederkehren, ohne darüber zu reden.

Als ich aber versuchte, meinen Vater dazu zu überreden, seinen Holzkohlenbedarf bei dem fremden Köhler zu decken, wurde er hellhörig. Wir fuhren mit einem schweren Gespann zu Maruschkas Meilern und luden die Kohlen auf. Maruschkas Vater war nun freundlicher, aber mein Vater schwieg auf dem langen Weg nach Hause. Wir ritten nebeneinander hinter dem knarrenden, schwerbeladenen Wagen, und er sagte kein einziges Wort.

Am nächsten Morgen, als ich die Reitpferde versorgte, kam er zu mir. Er sagte – ich höre heute noch seine Stimme – er sagte: »Jakob, man mäht das Korn nicht, ehe es reif ist.«

»Und wann ist es reif?« trotzte ich auf. »Etwa wenn ich alt bin?«

Er legte seine Stirn an den Hals meines Pferdes und schwieg. Er horchte in sich hinein, als höre er alten Zeiten zu. Dann sagte er ruhig: »Du solltest an dieser Stelle nicht trotzen. Du kannst gegen mich angehen in Fragen der Wirtschaft oder der Politik. Du kannst gegen meinen Willen den Kauf eines stinkenden Automobils durchsetzen. Aber, wenn es um Maruschka geht, solltest du nichts aus Trotz tun.«

»Das geht dich nichts an!« sagte ich laut. »Das ist meine Sache.«

»Mich geht es nichts an«, gab er zu. »Aber es ist nicht deine Sache. Es ist auch Maruschkas Sache. Du wirst im Oktober ins Internat gehen, und sie wird auf dich warten, bis du wiederkehren wirst. Du wirst von ihrem Bilde in der Fremde leben wie von

Gottes Licht, und in den Ferien wirst du zu ihr stürmen. Im Winter und im Sommer. Und ihr werdet glücklich sein.«

»Ja«, stieß ich hervor. »Und ist das etwa falsch? Verbietet dein Gott, daß man glücklich ist?«

Er hatte seine Stirn immer noch nicht vom Hals des Pferdes gelöst. Er schwieg wieder lang. Dann: »Es ist nicht mein Gott. Es ist auch dein Gott und Maruschkas Gott. Er erlaubt es nicht, daß du sie unglücklich machst!«

»Wieso sollte ich sie unglücklich machen? Sie ist glücklich bei mir«, wehrte ich mich.

»Jetzt«, sagte er. »Jetzt. Und in diesem Jahr. Und im nächsten Jahr. Aber dann wirst du in Berlin studieren. Du wirst viele Menschen kennenlernen. Andere Menschen als wir. Du wirst sehen, wie die Ärzte leben und welche Frauen sie haben, und wie gewandt sie sich auf dem glatten Parkett der feinen Gesellschaft bewegen. Und du wirst Maruschka nicht mehr wollen. Du wirst dich von ihr fortstehlen wie ein Dieb in der Nacht. Du darfst mit der Liebe nicht spielen. Es geht zu tief an die Wurzeln des Lebens.« Dann ließ er mich allein.

Der alte Mann sah traurig in die Weite. Jetzt, da die Sonne höher stand, verschwanden die Berge Korsikas im grauen Dunst. Karin fragte: »Wie ging es weiter? Wie ging es weiter mit Maruschka und mit Ihnen?«

Es kam so, wie mein Vater gesagt hatte. Es wurde ein glücklicher Sommer. Ich ritt zu Maruschka, wann ich nur konnte. Wir trafen uns heimlich in der Tiefe des Waldes, weil ihr Vater es nicht erlaubte. Wir erfanden Worte der Zärtlichkeit, wie – so meinte ich – noch nie jemand sie gesprochen hatte. Wohl nie mehr in meinem Leben habe ich so tief empfunden wie damals, in jenem Sommer, als ich siebzehn war.

Der Sommer verging. Es kam der Tag des Abschieds. Der Schmerz war wie die Krallen des Habichts, wenn sie in den Rükken der jungen Tiere stoßen. Unsere ganze Hoffnung waren die Weihnachtsferien. Ich lebte im Internat von der Erinnerung an

Maruschka – wie mein Vater gesagt hatte – wie von Gottes Licht. Die Sehnsucht nach ihr spornte mich zu Leistungen an, die es mir ermöglichten, eine Klasse zu überspringen. Ich schrieb ihr viele Briefe, die auf der Post im Dorf lagerten, und die sie heimlich holte, wenn sie im Ort zu tun hatte. Sie schrieb auch mir. Ihre Kinderhandschrift erzählte vom Wald und ihrer Sehnsucht nach mir. Briefe mit Rechtschreibfehlern.

Zwei Jahre vergingen. In den Ferien stürzten wir zueinander wie Verdurstende zu einer Quelle. Ihr Vater gab seinen Widerstand auf. Ich durfte zu ihr nach Hause kommen. Aber meine Eltern luden Maruschka nie ein. Später sagte mir meine Mutter, daß Vater das tat, um meinen Trotz weiterzuerhalten, denn er traute meiner Liebe nicht zu, daß sie Bestand hätte. Mutter sagte mir auch, daß er manchmal um Maruschka weinte. Ich selbst habe nie Tränen bei dem starken Mann gesehen.

Wieder fiel der alte Mann in das Schweigen der Erinnerung. »Weiter«, bat Karin. Sie kauerte neben ihm und sah unverwandt zu ihm auf.

Ich bestand das Abitur mit Auszeichnung. Mein Vater feierte ein Fest. Maruschka war nicht dabei. Dann studierte ich in Berlin. Ich lernte eine andere Welt kennen. Die Universität. Die gescheiten Leute. Die feinen Leute. Ich übte mich in ihrem Stil. Jetzt störten mich die orthographischen Fehler in Maruschkas Briefen. Ich konnte mir nicht vorstellen, wie ich das Waldkind in diesen Kreisen einführen sollte. In den ersten Semesterferien – ich war nun zwanzig – fuhr ich nicht nach Hause, obwohl mich die Sehnsucht nach der Heimat fast umbrachte. Ich machte eine Studienreise nach Griechenland. Homer und Aristoteles waren mir wichtiger geworden als Maruschka. Meine Briefe an sie wurden seltener, kürzer. An Weihnachten 1930 fuhr ich wieder heim, ein junger Mann, der alles wußte.

Masuren war im Schnee versunken. Ich fuhr mit dem Pferdeschlitten zur Köhlerei. Maruschka stand unter der Tür und schaute mir forschend entgegen. Sie war schöner als je. Sie sagte:

»Du mußt keine Rede halten. Ich sehe in deinem Gesicht, daß die Sonne erfroren ist. Fahr nach Hause. Bald kommen die Wölfe. Werde ein guter Arzt.« Sie schloß die Tür zu. Ich fuhr davon wie ein Dieb.

Karin sah, daß der alte Mann weinte. Tröstend streichelte sie seine große Hand, aber er schob ihre Mädchenhand unwirsch zur Seite: »Tu das nicht. Du bist schön. Du bist schön wie Maruschka. Du hast eine Macht, mit den Herzen zu spielen. Du kannst glücklich machen und in den Tod stoßen. Wer schön ist, hat Macht, in den Himmel zu heben und in die Hölle zu verstoßen. Spiel damit nicht, Karin! Spiel damit nicht. Es geht zu tief an die Wurzeln des Lebens.«

Diese Worte fielen in Karins Herz wie Steine in einen tiefen Brunnen.

Dann fragte sie: »Und Maruschka? Was ist aus Maruschka geworden?«

»Ich habe sie nie mehr gesehen«, sagte er traurig. »Aber mein Vater – auch dies weiß ich nur über meine Mutter – ritt oft zum alten Köhler. Deshalb weiß ich, daß Maruschka nicht heiratete, bis der Krieg ausbrach. Und was dann geschah, weiß ich nicht. Sie sind alle verschollen. Und ich bin allein übriggeblieben.«

Sie sahen den Wolken zu, die sich über dem Meer bildeten und wieder vergingen. Karin überkam eine unwiderstehliche Müdigkeit. Sie hatte in der vergangenen Nacht nicht und in den vorigen Nächten nur wenig geschlafen. Sie legte ihr Gesicht auf den Fels und schlief ein.

Der alte Mann war versucht, ihr schönes Gesicht in seinen Schoß zu betten. Er war versucht, über ihre Haare zu streichen und ihre Hände zu halten, aber er beherrschte sich. Nun war er alt, und sie war immer noch da, diese Wehrlosigkeit gegenüber der Schönheit. Er bewachte den Schlaf des Mädchens, während seine Gedanken auf den

Wegen seiner Kindheit wanderten, und sein Herz mit seinem Vater sprach.

Karin erwachte. Er lächelte ihr zu. Dann schlief er ein wenig auf dem harten Fels, und das Mädchen hütete seinen Schlaf. Sie forschte in seinem Gesicht und erkannte, wie naiv und kindisch sie sich verhalten hatte. Sie war glücklich, weil er von ihrer Schönheit gesprochen hatte und faßte den Entschluß, damit nicht zu spielen und das Korn nicht zu mähen, ehe es reif war. Danach wußte sie auch, daß sie ihren Vater um Entschuldigung bitten mußte, und hoffte nur, daß er darauf eingehen würde. Es war demütigend, so als Diebin zurückzukehren, aber nicht so unwiderbringlich wie die Heimfahrt Serafims, als Maruschka die Tür geschlossen hatte. Dann erschrak sie, denn der alte Mann hatte im Traum Maruschkas Namen gerufen.

Als Serafim erwacht war, sagte sie ihm dies.

Er öffnete seine große Hand und sagte: »Wir meinen, es sei etwas vorüber und vergangen. Aber es bleibt alles da wie auf einer offenen Hand. Ich verstehe den Psalmisten, wenn er über die Sünden seiner Jugend klagt. Es sind nun fünfzig Jahre her, seit ich Maruschka verließ, und noch immer rufe ich ihren Namen. Als ich den jungen Mann, mit dem du fortgehen wolltest, ins Gesicht schlug, schlug ich mich selbst. Wohl deshalb schlug ich so heftig zu. Es ist unser Verhängnis, daß man alt werden muß, bis man weiß, was man nicht hätte tun sollen. Es gibt nur eines für uns, Kind, das ist Christi Tod an unserer Statt.«

»Sie glauben an Christus?« fragte Karin.

»Ja!« sagte Serafim hoch oben auf dem Gipfel des Monte Capanne. »Er ist der einzige, der bleibt.«

Sie fuhren mit der Kabinenbahn zu Tal. Der weiße Helm lag noch auf dem Motorrad. Triumphierend hob Serafim ihn hoch. Er wurde nicht gestohlen.

Das Böse durfte nicht immer und überall siegen.

Auf dem Parkplatz des Zeltplatzes angekommen, fragte Serafim das Mädchen: »Soll ich mit Ihnen zum Zelt gehen?«

»Nein«, sagte Karin. »Das ist jetzt meine Sache.« Er sah ihr nach, als sie ihre Fluchttasche zum Zelt der Familie zurücktrug. Heute abend würde er wissen, ob es gut weiterging.

Auch Erich fuhr los, um Karin zu suchen

Als Karin zum Zelt kam, war niemand dort. Sie zog den Reißverschluß des Eingangs hoch und sah hinein. Das Zelt war aufgeräumt. Die Schlafsäcke lagen ordentlich nebeneinander. Jetzt fiel ihr auf, daß sie den Peugeot nicht auf dem Parkplatz gesehen hatte. Vermutlich war die Familie fortgefahren.

Karin packte ihre Reisetasche aus und legte alles wieder an seinen Platz. Sie setzte sich vor das Zelt in den Schatten und wartete.

Seither hatte Karin die Familie unbekümmert verlassen. Nun waren die anderen fortgegangen. Sie fühlte sich furchterregend allein. Vielleicht waren sie irgendwohin gefahren, um die Insel zu erkunden. Sie irrte sich.

Im Morgengrauen war Erich als erster aufgestanden. Er brauchte eine ganze Weile, bis ihm klar wurde, daß er nicht in Frankfurt am Main, sondern auf der Insel Elba war. Sein schmerzender Kopf benötigte noch geraume Zeit, bis er erfaßte, daß er in der Nacht seine Tochter geschlagen hatte und daß dies kein wüster Traum war.

Vorsichtig setzte Erich die Füße auf den Wagenboden, wo Martin und Dani in ihre Schlafsäcke verkrochen schliefen, schob den Vorhang zur Mädchenkabine zur Seite und stellte fest, daß Karin mitsamt ihrer Reisetasche verschwunden war. Ein tiefes Entsetzen überfiel ihn. Er hatte Karin aus dem Hause geprügelt. Er, ihr Vater, der immer alles darauf angelegt hatte, daß seine Kinder im Schoße der Familie heranwachsen konnten, hatte sie aus dem Hause getrieben, so primitiv, wie die Boulevardpresse ähnliches zu berichten pflegte. Erich war über sich selbst in einer Weise entsetzt, die kein klares Denken mehr zuließ. Er trat vors Zelt. Er sah die Bierflaschen neben der Kühltruhe auf dem Boden liegen. Er hatte sich betrunken, und er hatte seine große Tochter geschlagen.

Er wollte sie suchen! Vielleicht war Karin unten am Strand bei den Strandschläfern.

Erich zog ein T-Shirt über und eilte hinunter. Wenn er nicht so verwirrt gewesen wäre, hätte er bemerkt, daß Serafims Motorrad nicht bei dessen Zelt stand. Er dachte sich in seiner Panik und seinen Schuldgefühlen die schrecklichsten Möglichkeiten aus: Karin in den Händen verantwortungsloser Elemente, die sie zerstörten. Und er war schuldig.

Er hetzte am Strand entlang. Das Meer brandete grau gegen die Insel. Bei den vorderen Klippen fand er niemand. Er lief bis zu den Klippen hinter dem Hotel. Dort war auch niemand. Keuchend kam er zurück. Er erinnerte sich daran, daß neben der kleinen Bar schwere Motorräder gestanden hatten. Sie waren weg. War Karin mit diesen Leuten fortgefahren?

Er schnaufte die Treppe hinauf, lief durch den noch stillen Zeltplatz und holte seine Autoschlüssel aus dem Zelt. Die andern schliefen noch. Er wollte nach Portoferraio fahren. Vielleicht konnte er Karin davon abhalten, zum Festland überzusetzen. Er vergaß, sich ordentlich anzuziehen. Er vergaß auch, Brieftasche und Papiere mitzunehmen. Die Dame von der Dirizione entfernte gerade die Sperrkerte vor dem Parkplatz und sah erstaunt dem davon brausenden Peugeot nach.

Als Erich in Portoferraio den Fährhafen erreichte, schwamm das Fährschiff schon weit draußen auf dem offenen Meer davon. Wenn Karin die Insel verlassen hatte, war es zu spät.

Erich suchte den Hafen ab. Sie war nirgends zu finden. Dann kam ihm der Gedanke, sie könnte vielleicht von Porto Azurro aus fliehen. Dort legten auch Fähren an. Er raste zur Südküste und durchsuchte das Hafengelände von Porto Azurro. Er fand Karin nicht.

Die aufsteigende Sonne stach unbarmherzig auf sein unbedecktes Haupt.

Völlig planlos fuhr Erich, von Angst und Selbstvorwürfen getrieben, die ganze steinige, einsame Südküste ab: Lacone, durch die Berge nach Marina di Campo, wieder am Meer entlang nach Cavoli und Seccheto. Weiter! Immer zwischen dem Meer und den Bergmassiven der westlichen Inselhälfte entlang. Immer mit den Augen die Küste absuchend, so daß er um Haaresbreite an anderen Autos vorbeikam. Es war ein Wunder, daß kein Unfall geschah. Nach Fefovaia, wo die Felsen von der Straße hinab steil ins Meer stürzten, glaubte er, in einem Schlauchboot junge Leute zu sehen. Er parkte auf einem knapp bemessenen Ausweichplatz und kletterte auf einen vorspringenden Felsen hinaus, um Karin näher zu sein. Da stand er: Klein, dick und kurzsichtig auf den erzroten, zerrissenen Klippen und rief den Namen seiner Tochter über das Meer. Seine Stimme verlor sich im Westwind, der sie höhnisch verwehte. Erich sah die Sinnlosigkeit seines Unterfangens ein. Er setzte sich auf die harten Felsen. Seine Uhr zeigte jetzt 11.45 Uhr. Er hatte noch nichts gegessen. Er hatte auch keine Kopfbedeckung dabei. Sein kahles

Haupt war schutzlos der Sonne ausgesetzt. Er entdeckte, daß er auch keine Papiere dabei hatte. Wenn er jetzt diesen Felsen hinunterspränge, da hinunter, wo die weißen Schaumkronen der Brecher an den Felsen nagten, so wäre er sofort tot. Dann wären alle Probleme auf einmal erledigt. Er besaß eine hohe Lebensversicherung. Sie würden den Peugeot mit der Frankfurter Nummerntafel finden. Sie würden vielleicht auch seine Leiche finden. Dann mußte Hella einsehen, daß es falsch war, ihn in ein Unternehmen zu zwingen, dem er nicht gewachsen war. Und Karin würde einsehen, daß man nicht über ihn spotten konnte. Geld würden sie genug haben, wenn die Lebensversicherung ausbezahlt würde. Er stellte sich vor, wie sie alle an seinem Grabe standen und weinten. Auch Karin.

Solche lächerlichen, eitlen, aber in ihrer Todessehnsucht gefährlichen Gedankenringe der Selbstverurteilung und Selbstbemitleidung gingen durch Erichs Kopf, auf den Stunde um Stunde die Sonne brannte, bis er ohnmächtig wurde.

Als er wieder zu sich kam, lag er, auf die Seite gefallen, unmittelbar an der Kante des Felsens über dem Abgrund und starrte hinab. Es wäre fast geschehen, wovon er geträumt hatte.

Erich schob sich von der Felswand zurück und kletterte unsicher bis zur Straße, wo sein Wagen stand. Er stieg ein und konnte es kaum aushalten, denn das in der prallen Sonne stehende Auto hatte sich auf über sechzig Grad Innentemperatur aufgeladen. Kaum das heiße Lenkrad berührend, kaum die Straßenbegrenzung und die entgegenkommenden Fahrzeuge erkennend, fuhr Erich zu ihrem Zeltplatz in der Bucht von Biodola zurück.

Der Boden schwankte unter seinen Füßen, und rasende Kopfschmerzen durchzuckten sein Gehirn wie elektrische Ströme, als er vom Auto zu seinem Zelt ging. Jeder Puls dröhnte wie ein großer Gong in seinem Kopf. Ich habe einen Hitzschlag, dachte er. Wenn er dachte, dann war es ihm, als denke ein anderes, fremdes Gehirn neben seinem Kopf.

Erich trat durch die offene Zelttür. Karin erhob sich. Sie standen sich gegenüber. Von Erich fiel ein zentnerschwerer Stein.

»Du bist da?« sagte er. Und dann: »Verzeih mir, daß ich dich geschlagen habe!«

Sie hielt ihm eine handvoll Lirescheine entgegen.

»Was ist mit dem Geld?« fragte er verständnislos.

»Ich habe es dir gestohlen. Heute nacht. Aus deiner Brieftasche.«

»Ist schon gut«, sagte er. »Wo kommst du jetzt her? Warum bist du zurückgekommen?«

»Hat es Serafim nicht gesagt? Ich war mit ihm auf dem Monte Capanne.«

Erich verstand nichts mehr. Sein Kopf war wie eine brennende Riesenkugel.

»Serafim war hier?«

»Ja. Er hat mich in Portoferraio geholt. Er ist auf den Platz heruntergefahren und hat es euch gesagt. Warst du nicht da?«

»Ich suchte dich seit dem Morgengrauen auf der ganzen Insel.«

»Warum?«

»Weil ich dich liebhabe. Weil du meine Tochter bist«, antwortete er.

Sie sah, daß es ihm nicht gut ging.

»Vater, was hast du?«

»Gib mir zu trinken und hol Mutter.«

Die Kühltasche war leer, und Karin wußte nicht, wo Mutter war. So rannte das Mädchen in den Laden, das elende Geld immer noch in der Hand, und kaufte Panini und Aqua naturale, eilte zurück und reichte dem Vater Brot und Wasser.

»Wo ist Mutter?« fragte Erich wieder. »Und Martin und Bigi und Dani?«

»Ich weiß es nicht. Als ich kam, war das Zelt leer. Soll ich an den Strand gehen und sie suchen?«

»Ja. Bitte.«

Er kroch in den Schlafsack, denn er begann schrecklich zu frieren. Der Schüttelfrost wurde so schlimm, daß Erich mit den Zähnen klapperte und am ganzen Leibe zitterte, obwohl es im Zelt sehr heiß war.

Hella meint, Erich habe sie ohne Versorgung verlassen

Serafim hatte am frühen Morgen nur Martin vor dem Zelt sitzend angetroffen und unterrichtet. Zu diesem Zeitpunkt wußte Martin noch nicht, daß sein Vater fortgefahren war, um Karin zu suchen. Als dann Hella aufwachte, wollte sie fürs Frühstück einkaufen und stutzte, als sie weder Erichs Geldbeutel noch in seiner Brieftasche einen einzigen Schein fand. Als sie dann feststellte, daß auch der Peugeot weg war, stand es für sie fest, daß Erich sie ohne eine Lire hier auf der Insel hatte sitzenlassen.

Sie teilte den Kindern mit, daß es heute nichts zu essen gäbe, denn sie hätte kein Geld. Sie konnte auch keinen Euroscheck einlösen, denn die Scheckkarte befand sich im Handschuhfach des Autos.

Martin glaubte keinen Augenblick lang daran, daß Vater sie böswillig ohne Geld verlassen hatte. Dann hätte er doch seine Brieftasche und die Autopapiere mitgenommen. Ohne Paß ging er doch nicht fort. Aber warum hatte er alles Geld mitgenommen? Martin verstand nichts mehr. Mit Mutter konnte man nicht reden, so nahm er sich der Kleinen an. Er fand noch ein trockenes Brötchen, das er ihnen teilte. Dann gingen sie miteinander hinunter zum Strand.

Es wurde ein heißer, hungriger, bitterer Tag.

Mehrmals stieg Martin die Treppe zum Zeltplatz hinauf, weil er hoffte, Vater oder Serafim, von dem er etwas Geld borgen wollte, wäre zurückgekehrt. Als er beim vierten Mal das Zelt wieder leer fand, sah er das Herrnhuter Losungsbuch in einer der Zelttaschen stecken.

Der Junge nahm das blaue Buch heraus und las:

Sonntag, 5. August 1979:

Entsetzt euch nicht und fürchtet euch nicht. Der Herr, euer Gott, wird für euch streiten. *5. Mose 1, 29. 30.*

Jesus spricht: Die Pforten der Hölle sollen meine Gemeinde nicht überwältigen. *Matthäus 16, 18.*

Martin kniete im leeren Zelt nieder, fing an, vor Gott zu weinen und ihn anzuflehen, das nun bei ihnen zu tun, was in dem Buch geschrieben stand, denn die Pforten der Hölle hatten sich geöffnet.

Dann ging der Junge wieder hinunter zum Strand, wo Mutter mit verschlossenem Gesicht unter dem Sonnenschirm saß und über die Weite des Meeres starrte. Martin baute mit Bigi und Dani einen Sandhafen, in dem sie Schiffchen schwimmen ließen und Fortfahren und Wiederkehren spielten, bis Karin kam und berichtete, daß Vater mit einem Schüttelfrost im Zelt läge.

Unsäglich müde ging Hella mit den Kindern hinauf. So machte man den Urlaub kaputt. Sie sah wohl, daß es Erich nicht gut ging. Aber es war ihr einerlei. Wer sich betrank, seine Tochter prügelte und aus dem Haus trieb, wer es nötig hatte, daß ein Fremder das Kind wieder heimbrachte, wer ohne Sinn und Verstand und Kopfbedeckung auf der Insel herumraste, mochte wohl ein wenig Kopfweh haben. Ihr war es einerlei. Erich war nicht mehr ihr Mann. Ihre Seele hatte sich von ihm abgewandt. Es war aus. Einfach aus!

An diesem Abend versuchte Karin zum ersten Mal, ein Abendbrot zu kochen. Es gelang auch ganz gut. Aber es schmeckte niemand, weil Mutter bitter in sich hinein schwieg.

Die dritte Gute-Nacht-Geschichte

»Wo sind wir gestern stehengeblieben?« fragte Serafim die Kinder, als sich die Familie am dritten Abend wieder bei Serafims Zelt versammelt hatte. Sie saßen auf den Bastmatten, Vater und Mutter weit weg voneinander.

»Als Fips zu dem Eichhörnchen in die Wohnung durfte und zu essen bekam«, antwortete Dani eifrig.

»Als der Rabe vor einer fremden Wohnung Wache halten mußte, weil er so dumm gewesen war, den jungen Affen aufzunehmen«, sagte Erich bitter, was ihm einen verächtlichen Blick seiner Frau eintrug. Serafim sah diesen Blick, und seine Augenbrauen hoben sich beunruhigt.

Er erzählte weiter:

Es war für den alten Raben nicht leicht, in einer Linde zu sitzen. Erstens war das gegen den Stolz der Raben. Sie, vor allem, wenn sie vom vornehmen Geschlecht der Kolkraben stammen, nächtigen nur auf den höchsten Fichten oder Tannen oder Kiefern. Von dort aus können sie den Wald und die Lüfte überblicken und sich hinausschwingen in den freien Flug oder den Kampf. Aber hier, in der weiten bauchigen Linde, die groß wie eine Kirche war und aus verwirrend vielen Ästen und Zweigen bestand, durch die man kaum fliegen konnte, fühlte sich der Rabe unsicher.

Wie sollte er hier kämpfen? Etwa auf einem Zweig sitzend wie ein Auerhahn? Und das Schlimmste war: die Linde hatte große herzförmige Blätter, durch die der Rabe nicht nach draußen sehen konnte, ob etwa der Habicht anfliegen würde, oder sich ein Krähenschwarm zum Angriff sammelte.

Am liebsten wäre Kolk einfach fortgeflogen, hinauf auf den Wipfel der Großen Fichte. Dann schämte er sich solcher Gedanken. Er hatte zu Fips gesagt, daß er sein Freund wäre. Was man gesagt hat, hat man gesagt. Man kann dann nicht einfach fortfliegen, als hätte man nichts gesagt.

Er setzte sich auf verschiedene Äste, aber es war nirgendwo besser. Er bekam keine Übersicht über den weiten Lindenbaum, der blühte und einschläfernd nach Frühling und Frieden duftete.

Es war gut, daß sich der Rabe vom Duft der Linde nicht betören ließ. Lautlos glitt der Uhu durch die Zweige. Kolk erschrak, als der Oberste der Eulen plötzlich vor ihm auf dem Zweig saß. Der Rabe liebte die Eulen nicht. Sie konnten unhörbar durch das Geäst der Bäume fliegen und bei Nacht sehen. Sie überfielen in der Finsternis die schlafenden Vögel und raubten ihre Nester aus.

»Guten Abend«, sagte der mächtige Uhu und sah spöttisch auf den Raben herab. »Seit wann nächtigt der alte Rabe in einer blühenden Linde?«

»Das ist meine Sache«, krächzte Kolk.

»Sie hüten den Eichhörnchenbau, in dem Sie Ihr Menschentierjunges versteckt haben«, sagte der Uhu. »Ich weiß es. Der ganze Wald weiß es.«

»Warum sind Sie hergeflogen?« fragte der Rabe. »Geben Sie es zu, sie wollten das kleine Tierchen fressen.«

»Natürlich«, sagte der Uhu. »Wollen Sie mich hindern?«

»Ja«, sagte Kolk hart. »Wenn Sie dem Jungen auch nur ein Härchen krümmen, werde ich Sie erledigen!«

Der Uhu maß den alten Raben mit seinen glühenden Augen. Er spannte seine Schwingen aus und strich unglaublich gewandt durch das dichte Geäst davon. Der Rabe atmete auf. Der Uhu hatte den Kampf nicht aufgenommen.

Dann kam Martes, der starke schnelle Räuber. Er kletterte am Stamm der Linde herauf. Gegen Martes konnte Kolk nicht im offenen Kampfe siegen. Martes mußte er überraschen. Zum Glück waren des Raben Federn schwarz wie die Nacht. Kolk verbarg sich hinter einem dicken Ast. Als Martes zu der Eichhörnchenhöhle kletterte, um mit seiner tödlichen Pranke hineinzugreifen, stieß Kolk mit seinem langen Schnabel zu. Er stieß so hart zu, daß der Marder laut aufschrie und in überstürzter Flucht den Stamm hinunterpolterte. Erst als er unten auf dem Erdboden war, spähte er empor, wer ihn denn so schmerzlich gestoßen hatte. Aber der Rabe hielt sich versteckt. Martes konnte man nicht besiegen. Wenn man so einen starken Feind hat, muß man klug sein.

Der arme Kolk kam die ganze Nacht nicht zur Ruhe. All die kleinen Räuber des Waldes hatten es auf den Affenjungen abgesehen. Der Waldkauz und die Ohreneule kamen; sogar das Wiesel, das am See wohnte, wollte den Ruhm haben, das fremde Menschentierjunge gefressen zu haben. Dem Raben wurde klar, daß er Fips nicht bei der Eichhörnchenmutter lassen konnte. Er mußte die Verantwortung auch weiterhin selbst übernehmen. Die Eichhörnchenmutter hatte ein gutes Herz. Aber ein gutes Herz ist nicht alles. Man muß auch die Kraft zum Kampfe haben.

Kolk war froh, als die erste Amsel mit einem glücklichen Flötenlied den Tag ankundete. Doch kaum war es hell, als der Zaunkönig, das kleinste Vögelchen des Waldes, in die Linde hereinflog und sich, verlegen mit seinem kleinen, senkrecht in die Höhe stehenden Schwänzchen wippend, direkt vor den Schnabel des großen Raben setzte.

»Der König schickt mich zu Ihnen«, piepste der kleine Kerl. Seine Stimme klang, als täte es ihm leid, daß er nun so etwas sagen mußte: »Heute abend, wenn die Sonne untergegangen sein wird, sollen alle Tiere sich unter der Eiche des Gerichts versam-

meln. Der König will entscheiden, was mit dem Menschentierjungen geschehen soll. Sie, Herr Rabe, sollen den Kleinen mitbringen.«

»Sag dem König, ich werde kommen. Ich werde sein Gebot befolgen.«

Es wurde ein nervenaufreibender Tag für den alten Kolk in der Runden Linde. Fips tollte mit dem Eichhörnchen-Hannes wie verrückt im Geäst umher, so daß Kolk unentwegt in Sorge war, dem Kleinen könnte etwas passieren. Die Singvögel, die in der Linde brüteten, sangen alle durcheinander. Und das Schlimmste war das dauernde Guru-guru der Turteltauben, die oben ihr Nest hatten. Wie sollte man sich da für eine gute Verteidigungsrede vorbereiten können? Und eine gute Rede mußte es sein, wenn er den König überzeugen wollte, daß Fips keine Gefahr für den Wald bedeutete. Außerdem hatte der Rabe Hunger. Er hatte seit drei Tagen nichts gegessen, und sein Magen knurrte böse.

Als die Sonne untergegangen war, begaben sich die Tiere des Waldes zur Eiche des Gerichts. Sie trennten sich selbstverständlich in zwei Parteien. Auf der einen Seite saßen die Räuber: die Füchse und Marder, der Dachs, das Wiesel und der Iltis. Darüber hockten in den Zweigen der Rote Milan, der Bussard, der Habicht, die Falken und die Eulen. Und viele, viele Krähen. Diese Seite der Gerichtseiche war ganz schwarz. Auf der anderen Seite saßen und standen die Friedliebenden: Hirsche und Rehe, Hasen, Mäuse und Igel, Eichhörnchen und Maulwürfe, die Vögel des Sumpfes und des Sees, Gänse und Enten, Bläßhühner und Schnepfen und Kiebitze, und darüber viele stille Singvögel, aus deren Schnabel nun kein Piepser mehr kam; denn es graute ihnen, als sie so nahe bei den Räubern saßen.

Zuletzt flog Kolk, den kleinen Affen am Herzen tragend, von oben herab an den spitzen Ästen der Gerichtseiche vorbei auf den freien Platz, auf dem die Angeklagten zu sitzen hatten.

Majestätisch schreitend näherte sich der König und trat an den knorrigen Stamm der Gerichtseiche. Fips hatte noch nie solch ein gewaltiges Tier gesehen. Hoch und herrlich stand es über ihm und blickte mit strengen Augen auf ihn herab. Auf seinem mächtigen Haupt trug der König wie glänzende Waffen ein mächtiges Geweih. Das war der König!

Das winzige Herzchen des Affenjungen klopfte zum Zerspringen.

Jetzt hob der König das Haupt und schrie lang und gewaltig weithin durch die alten Bäume bis hin zu den Spitzen Felsen. Von dort kam der Ruf als Echo zu den lauschenden Tieren zurück. Das Gericht hatte begonnen.

»Rabe Kolk«, sagte der König und sah ernst auf den schwarzen Vogel herab, der vor ihm auf der Erde saß und seinen rechten Flügel schützend über Fips gelegt hatte. »Du bist ein Fremdling in unserem Wald. Niemals wohnte vor dir ein Kolkrabe bei uns. Du bist vor vielen Jahren weit vom Sonnenaufgang her zu uns gezogen, und wir haben dich hier wohnen lassen, weil du ein genügsamer und friedliebender Vogel warst und ein guter Warner, wenn Menschen in den Wald kamen. Aber du allein bedeutetest eine Gefahr für uns alle, denn wir haben beobachtet, daß der Grüne Mann mit dem Todesrohr oftmals nach dir suchte und, wenn er dich nicht fand, in seinem Zorn ein anderes Tier tötete.« Der König machte eine Pause in seiner Rede.

Dieser Vorwurf traf den Raben schwer. Wenn dem so war, wollte er bald den Wald verlassen und weit fort fliegen, weit über Land und Meer, auf eine Insel, wo es keine Menschen gab.

Der König sprach weiter: »Warum hast du dieses fremde Tier in den Wald gebracht, von dem wir nicht wissen, ob es ein Menschenjunges oder ein Tierjunges ist? Zeige es vor!«

Der Rabe hob seinen Flügel und ließ den König das zitternde kleine Äffchen sehen. In des Königs großen, dunklen Augen zeigte sich keine Spur von Rührung. Er mußte die Verantwortung für den ganzen Wald tragen, nicht für ein fremdes Junges. Er sagte: »Es hat Hände wie Menschenhände; es hat Füße wie Menschenfüße; es hat ein Gesicht wie ein Menschengesicht. Der

Grüne Mann mit dem Todesrohr wird kommen und es suchen und – weil Kolk es gut verstecken wird – nicht finden. Wieder werden viele Tiere am Zorn des Menschen sterben müssen.«

Unter der Eiche des Gerichts, die noch ihre alten, verwelkten Winterblätter trug, breitete sich die Dunkelheit aus. Die gelben und roten Nachtaugen der Raubtiere begannen, gefährlich zu glühen.

»Was hast du dazu zu sagen, Rabe Kolk?«

»Verehrter König«, sprach Kolk. »Es ist nicht richtig, daß der Grüne Mann meinen kleinen Freund suchen wird; denn Fips ist kein Menschenjunges. Er ist ein Tierjunges von dem Volk der Affen und der Familie der Rhesusaffen. Ich habe auf meinen Flügen jenseits des Mittagsmeeres viele solcher Tiere gesehen. Es ist ein friedliches Haartier. Es tötet keine Tiere. Es stiehlt keine Eier. Es ißt nur Pflanzen. Es wird niemanden ein Leid tun.«

»Und wie kam das fremde Tier von jenseits des Mittagsmeeres hierher?« fragte der König mißtrauisch.

»Es wurde von Menschen gefangen und in einem Käfig hier durch den Wald transportiert. Ich sah, wie es aus dem Käfig schlüpfte und entfloh. Der Habicht kreiste darüber. Deshalb nahm ich den Jungen zu mir. Habt Erbarmen, o König! Es ist ein Junges! Es zittert!«

Doch der König hatte kein Erbarmen. Er sagte: »Also ist das kleine Tier den Menschen entflohen. Du sagtest es selbst, Rabe Kolk. Mag es ein Tierjunges oder ein Menschenjunges sein, es gehört den Menschen. Sie werden es suchen. Die Menschen holen sich immer, was ihnen gehört. Und noch viel mehr! Sie werden es erfahren, daß ihr Eigentum hier ist. Sie erfahren alles.«

Der König hob wieder das mächtige Haupt und röhrte durch den Wald. Laut und schrecklich. Keines der anwesenden Tiere hörte dabei, daß Kolk dem Äffchen zuflüsterte: »Wenn ich hochstarte, so spring mir mit aller Kraft an meine Brust und klammere dich fest. Du mußt mich weiter nach oben stoßen. Es kommt alles auf den Start an! Ich bringe dich hier raus.«

Als das Echo des Hirschrufes verklungen war, verkündete der König das Urteil: »Das Menschentier muß sterben. Der alte Marder soll es töten.«

In diesem Augenblick stieß sich der Rabe mit aller Kraft nach oben. Als er mit beiden Schwingen die Luft unter sich hieb, sprang Fips von unten an seine Brust, was ihn noch weiter nach oben stieß. Beim zweiten Flügelschlag griffen die Krallen des zuspringenden Marders ins Leere. Kolk flog steil in dem schmalen Flugraum zwischen der Gerichtseiche und ein paar Birken zum Himmel empor.

»Ihm nach!« kreischten die Krähen. Der schreiende, häßliche Schwarm flog auf und jagte den Raben. Kolk wußte, daß es für ihn nur eine Rettung gab: Er mußte so hoch fliegen, daß die Krähen an ihre Grenzen kamen. Er sah hinauf zu dem hellglänzenden Abendhimmel. Dort oben wohnte der Große Vater. Wenn Kolk immer weiter hinaufflog, kam er mit dem Kleinen, der sich zitternd an ihn klammerte hinauf zum Großen Vater. Vielleicht konnte er auf einem der Lichter des Himmels landen. Dieser Wald hatte keinen Platz für sie beide. Dort oben würde Raum sein, viel Raum, und Friede.

Das wüste Jagdgeschrei der vielen Krähen trieb Kolk zur höchsten Kraftentfaltung. Er streckte seine langen Krallenfüße wie Lanzen unter sich und hieb mit starken Flügelschlägen sich immer weiter empor. Immer höher. Hinauf zum Großen Vater. Dort konnten ihn die Krähen nicht mehr erreichen.

Da zischte etwas dicht an seinem Kopf vorbei und ein Donnerschlag zerriß die Lüfte. Die Krähen stoben angstschreiend davon. Kolk hatte es mehrmals in seinem Leben erlebt, daß ein Mensch auf ihn schoß. Er behielt die Nerven. Weiter hinauf! Da riß ein furchtbarer Schlag seine rechte Schwinge nach oben, und ein zweiter Donnerknall schmerzte in seinen Ohren. Der nächste Flügelschlag des Raben trug ihn nicht mehr. Entsetzt sah er, daß die mittlere große Flugfeder seiner rechten Schwinge unter ihm zur Erde schwebte.

»Halte dich fest!« schrie er. »Ich stürze!«

Er legte die Flügel an und stürzte wie ein Stein zur Erde. Als die Wipfel der Bäume näher kamen, spannte er seine Schwingen wieder aus. Aber er konnte den Sturz kaum abfangen. Verzweifelt schlug er mit den Flügeln und erreichte mit Müh und Not, flatternd wie ein krankes Rebhuhn, den Gipfel der Großen Fichte.

An der Stelle, wo seine große Flugfeder gesteckt hatte, quollen kleine Tropfen roten Blutes. Der alte Rabe sagte kein Wort. Er legte den verletzten Flügel, als sei nichts geschehen, über den Affenjungen. Aber dieser sah, weil ja die große Flugfeder fehlte, durch die Lücke hinaus in den dunklen, feindlichen Wald. Er sah die kleinen Blutstropfen und fühlte, daß der alte Freund in sich hinein weinte, weil er nun nicht mehr fliegen und nicht mehr kämpfen konnte, und weil für den Jungen kein Raum mehr im Walde war, weder in diesem noch im Walde des Großen Vaters.

Als der Rabe vor Jammer eingeschlafen war, faßte Fips den Entschluß, die verlorene Feder des Raben zu suchen. Er sah durch die Lücke des Flügels die Sterne am Himmel erglühen und wartete, bis das letzte Abendlied der Amsel verklungen war.

»Hat er die Feder gefunden?« fragte Karin.

»Meint ihr, man kann eine Feder in einem großen Wald finden?« fragte Serafim.

»Er muß sie finden!« sagte Karin.

»Er muß sie unbedingt finden!« meinte Martin.

»Morgen hören wir weiter«, sagte Serafim. »Ob man das Leben findet oder den Tod, weiß man nicht im voraus. Gute Nacht!«

Karin und Martin analysieren den Kummer der Eltern

Nach der dritten Gute-Nacht-Geschichte schliefen die Kinder schnell ein. Die Eltern dagegen lagen nach diesem schrecklichen Tag steif und verkrampft, durch ihre Schlafsäcke und eine Mauer der Hoffnungslosigkeit getrennt, nebeneinander und starrten zum Zeltdach hinauf.

Es ging ihnen wie dem alten Raben. Sie hatten die Flugfeder verloren. Sie konnten ihre Liebe nicht mehr fühlen und ihre Ehe nicht mehr finden. Sie würden wohl beisammen bleiben, weil sonst die Kinder von den Mardern gefressen würden, aber sie selbst konnten nicht mehr fliegen. Sie hatten die Fähigkeit verloren, sich aufzuschwingen, und es war undenkbar, daß irgend jemand die Flugfeder in diesem großen, bösen Wald finden würde. Was vorüber war, war vorüber. Wenn Serafim die Geschichte so weiterführen würde, daß er Fips die Feder finden ließe, so mußte er schon etwas Seltsames erfinden. Fips würde dabei in dem großen Wald zugrundegehen. Keiner kann dem andern wirklich helfen. Die Eltern den Kindern nicht, und die Kinder den Eltern nicht. Wenn man Kinder erzieht, sollte man nicht ein schwacher Mensch sein, sondern mindestens ein Engel, ein Cherubim oder Serafim. Aber sie beide waren Menschen, nur Menschen, und ihre Seelenkraft war zu Ende.

Ohne sich ein Gutenachtwort zu sagen, ohne den Trost einer zärtlichen Berührung, schliefen sie schließlich erschöpft ein.

Am nächsten Tag erwachte Karin als erste. Ein wunderbarer, blauer, warmer Tag empfing sie vor dem Zelt. Sie sah zum Monte Capanne hinauf und erinnerte sich an Serafims Worte, die er dort oben zu ihr gesprochen hatte. Sie hätte gerne gewußt, wie Serafims Leben weiter verlaufen war, nachdem er Maruschka verlassen hatte. Aber sie sah keine Möglichkeit, dies zu erfahren. Hatte er auch die Flugfeder verloren? Sie empfand seine Gute-Nacht-Geschichten als doppelbödig und machte sich Gedanken, wie es wohl weitergehen würde. Jedenfalls war für sie klar, daß sie ihr ganzes Leben ändern mußte. So lächerlich naiv, wie sie sich seither verhalten hatte, konnte es nicht weitergehen. Sie hatte auch gar keinen Grund, sich von ihren Eltern freizukämpfen, denn welche Zwänge wurden ihr schon auferlegt? Sie schämte sich, daß sie soviel Ärger gemacht hatte. Doch heute war ein neuer Tag, ein wunderbarer neuer Tag. Karin reckte sich im Sonnenschein und ging ins Duschhaus, um sich schön zu machen.

Dann tat sie etwas, wozu sie keine Bitte des Vaters jemals gebracht hätte: Sie kochte Wasser für den Kaffee, sie kaufte Milch und Brötchen und Butter und Marmelade, sie verglich dabei sogar die Preise, und sie deckte den Tisch vor dem Zelt. Es war schön, dies alles zu tun, ohne angewiesen worden zu sein. Einfach von selbst zu tun, weil sie es selbst wollte.

Martin kroch aus dem Zelt, als der Kaffee duftete. Verblüfft betrachtete er den gedeckten Tisch. »Brauchen wir für dich einen Arzt?« fragte er, sehr erstaunt, seine arrogante Schwester bei der Arbeit zu sehen.

»Pssst! Sie schlafen noch!«

Sie nahm ihren Bruder bei der Hand und zog ihn ein paar Schritte vom Zelt weg, um mit ihm Rat zu halten. Sie setzten sich auf die Mauer, die die Zeltterrasse stützte.

»Martin«, sagte die Schwester, und er war erstaunt, daß sie einen Anflug von Vernunft zeigte. »Martin, wir müssen die Feder finden.«

Er zeigte durch sein bedächtiges Kopfnicken, daß er derselben Meinung war.

»Die Eltern haben Probleme«, klärte Karin ihn auf. »Man nennt das eine Ehekrise. Sie kommen in die Wechseljahre. Dad ist vierzig. Da kommt das. Auch bei Männern.«

»Kluges Kind«, bemerkte Martin.

»Spotte nicht, ich habe die Krise analysiert.«

»So. Und was hat dein kluges Köpfchen herausgefunden?«

»Ich sage: Spotte nicht! Es ist ernst. Dad ist der Lebenskampf zu hart geworden.«

»Richtig.«

»Ich habe mir Gedanken über Dad gemacht«, sagte sie weiter. Sie sah ihren Bruder liebevoll an. Martin verstand die Welt nicht mehr. »Meine Schulfreunde sind alle Einzelkinder oder höchstens zwei. Bei fast allen verdienen beide Eltern. Da können sie leicht große Wagen fahren und Wohnwagen und so alles anschaffen. Aber wir sind vier Kinder. Mutti muß zu Hause bleiben wegen Bigi und Dani. Kinder brauchen Nestwärme. Bis jetzt hat Dad das finanziell ganz allein geschafft. Aber jetzt hat er Sorgen, weil die Zeltausrüstung so teuer wurde und noch ein paar Dinge dazukamen, die er nicht einkalkuliert hatte, zum Beispiel der Mist mit dem Hotel in Piombino. Also: Geldsorgen.«

»Nicht nur«, ergänzte Martin. »Er ist auch gestreßt. Er hat drei Wochen lang das Büro allein gemacht, während sein Chef im Urlaub war. Er hatte neunzehn Lastzüge laufen. Du mußt dir das klarmachen: neunzehn Lastzüge durch Europa jagen. Ohne Leerkilometer. Von Sizilien bis Finnland! Kein Wunder, daß ihm die Nerven durchbrennen!«

»Woher weißt du das?«

»Dad redet manchmal davon. Aber ihr hört ihm ja nicht zu!«

»Stimmt«, gab Karin zu. »Ich habe überhaupt nie viel über Dad nachgedacht. Erst seit gestern. Was können wir tun? Was denkst du?«

»Systematisch sparen«, sagte Martin.

»Wie?«

»Finanzprobleme löst man, indem man entweder die Einnahmen erhöht oder die Ausgaben verkleinert. Klar? Oder beides. Klar?«

»Klar!«

Sie machten Pläne, wie man das eine oder das andere realisieren könnte. Ihre Gesichter wurden heller, sie sahen sich glücklich in die Augen. Wohl zum ersten Mal.

»Das wäre Dads Problem«, sagte Martin abschließend. »Aber was ist mit Musch? Du hast doch analysiert.«

Karin runzelte kummervoll die Stirn. »Bei Musch ist es schwieriger. Musch ist wie ich. Sie sehnt sich immer nach etwas, was es gar nicht gibt.«

»Tja«, Martin wußte keinen Rat. Mit Frauen war es offensichtlich schwierig. Er wollte nicht heiraten, wenn sie immer Sachen möchten, die es gar nicht gibt. Dann wollte er es lieber wie Serafim machen: ein Motorrad kaufen und durch die Welt fahren. War Serafim nicht verheiratet? Er wußte kaum etwas von ihm. Dann kam ihm ein einfacher Gedanke: »Was meinst du, wenn wir deine Strategie einfach fortsetzen würden: Frühstück machen, mit den Kleinen spielen, die Eltern allein lassen. Damit sie Ruhe haben. Und so. Vielleicht braucht Musch nur einfach Ruhe? Erholung?«

»Wir können sonst nichts machen«, stimmte Karin zu. »Wenn das nicht hilft, muß Gott helfen.«

»Glaubst du wieder an ihn?«

»Ich weiß nicht. Aber Serafim glaubt. Ich häng mich da so dran.«

Sie gingen mutig zum Zelt zurück. Sie waren entschlossen, die verlorene Flugfeder zu finden. Sie holten Bigi und Dani aus den Schlafsäcken und versprachen ihnen, unten am Strand einen ganz, ganz, ganz großen Hafen zu bauen und Schiffe zu schnitzen, wenn sie so leise wären, daß Dad und Musch nicht aufwachten. Sie fütterten die Kleinen, schrieben auf einen Zettel, wo sie waren, räumten den Frühstückstisch außer den Gedecken der Eltern ab und gingen hinunter zum Strand.

Ein seltsam schöner Tag

Es mochte wohl gegen elf Uhr sein, als Hella erwachte. Sie schlief an der Außenseite ihrer Schlafkabine und mußte über Erich hinweggreifen, um den Vorhang zur Seite zu schieben. Die Kinder waren nicht da. Sie stieg über Erich hinweg, trat vors Zelt und sah den gedeckten Frühstückstisch und die Zettelnachricht: »Martin und ich haben Bigi und Dani versorgt. Wir gehen runter zum Strand. Wir spielen jenseits der vorderen Klippen. Schlaft noch lange! K + M + B + D.«

»Erich!«

Er kam schlaftrunken heraus und las ebenfalls den Zettel. Fragend sah er seine Frau an.

»Erich, verstehst du das?«

»Nein. Warum haben sie den Tisch gedeckt und die Kleinen versorgt?«

Sie frühstückten nachdenklich miteinander. Sie verstanden den Vorgang nicht. Erichs Kopfschmerzen waren erträglich geworden. Der Schlaf hatte beiden gutgetan.

Als sie zum Strand hinunterkamen, wußten sie wieder nicht, was sie denken sollten, denn Karin baute mit den begeisterten Kleinen einen Schiffshafen aus Sand und Steinen und ließ darin Holzstücke schwimmen, während Martin sich draußen in den Wellen wiegen ließ.

»Musch! Dad!« rief ihnen Dani entgegen. »Ich kann schwimmen! Drei Züge richtig und viele nicht richtig! Karin hat es mir gelernt!«

»Und ich kann ganz richtig schwimmen. Über den tiefen Graben hinüber, wenn Karin drin steht«, berichtete Bigi.

Karin lächelte verlegen, als habe sie etwas Ungewöhnliches getan. Erich sah ihr in die Augen. Sie hielt seinem Blick stand. Er war ihr nicht böse. »Danke, Karin«, sagte er. Es war gut zwischen ihnen. Gestern war nicht mehr da.

Die Eltern stürzten sich ins Wasser und schwammen zu Martin hinaus. Der winkte ihnen, nicht zu nahe heranzuschwimmen. In gebührendem Abstand von ihm ließen sie sich von den warmen Wellen wiegen. Dann schwamm Martin zu ihnen.

»Sowas!« sagte er begeistert. »Ich hatte einen Schwarm Fische hinter mir. Sie ließen nicht von mir ab. Vermutlich, weil hinter mir Bodensand aufgewirbelt wurde. Meinst du, Dad, im Bodensand sei Nahrung für die Fische?«

»Keine Ahnung.«

»Man müßte ein Fischbuch haben«, sagte Martin. Er kraulte los zu seinen Geschwistern.

»Vielleicht sollte er einen Beruf ergreifen, der es mit der Pflege des Lebens zu tun hat«, sagte Hella, langsam vor sich hin schwimmend. »Vielleicht Tierpfleger.«

»Da gibt es zu wenig Arbeitsplätze«, warf Erich ein.

»Oder Krankenpfleger?« fragte sie wieder.

»Da braucht er die mittlere Reife.«

»Hat er doch.«

»Schon, aber keine gute.«

»Und wenn ich mit ihm lernen würde?« fragte sie.

»Das wäre großartig! Schaffst du das zeitlich?«

»Ich glaube schon.«

Sie schwammen zum Ufer zurück und legten sich, den Kopf im Schatten des Sonnenschirms, in den heißen Sand.

Das gleichmäßige Rauschen des Meeres nahm die Unruhe von ihnen. Sie sahen ihren Kindern zu, die miteinander spielten, eine Weile Schiffchen-schwimmen, eine Weile Ball-fangen, eine Weile Schwimmunterricht. Dann ölte Karin die Kleinen und ihren Bruder mit Sonnenöl ein, damit ihre Haut keinen Schaden litt.

Hella und Erich sahen verwundert zu. Sie hüteten sich, darüber zu sprechen. Sie hatten das Gefühl, als könne ein einziges Wort das schillernde Märchenglück zerstören. Dann war plötzlich die Kühltasche mit Broten und Getränken da, und Karin riet, im Schatten der Felsen Siesta zu halten, denn jetzt würde die Sonne gefährlich. Serafim hatte es gesagt.

Sie wechselten den Platz und hielten ihr Mahl. Dann schlief Erich im Schatten wohl an die zwei Stunden. Als er erwachte, hatte ihn jemand mit Handtüchern zugedeckt, denn die Sonne war weitergewandert und der Schatten kleiner geworden. War das Hella gewesen? Sie kam gerade von den Kindern her und lachte noch über ein Wort Danis.

Erich rief die Familie zum Familienrat. Er deutete hinauf zur Spitze des Monte Capanne. »Wollen wir mit der Erforschung der Insel von dort oben aus beginnen?« fragte er. »Karin sagt, dort oben sei es sagenhaft schön.«

»Meinst du, daß wir da hinaufkommen?« fragte Hella.

»Natürlich«, rief Karin begeistert. »Mit der Kabinenbahn.«

Martin sah sie strafend an. Systematisch sparen!

»Vielleicht fährt die Kabinenbahn abends nicht mehr«, gab das Mädchen enttäuscht zu bedenken.

Martin war zufrieden, aber Erich sah forschend in Karins abgewandtes Gesicht.

»Sie wird schon noch fahren«, meinte er. »Los! Wir starten.«

Sie packten im Zelt ihre Sachen zusammen, und Karin riet, sie sollten alle Jeans und Pullis anziehen und die gelben Regenjacken mitnehmen, denn dort oben sei es kalt. Sie lachten Karin aus. Es war so heiß und schwül, daß niemand an Kälte denken konnte. Als Karin nicht ernstgenommen wurde, packte sie einfach alle sechs Regenumhänge zu einem Paket zusammen und trug es zum Auto. Es war fast beängstigend, wie umsichtig sich das Mädchen von einem Tag zum andern gab.

Als sie im Auto die Bergstraße hinauffuhren und sich immer höher über das Meer zu ihrer Rechten erhoben, fragte Karin, ob Martin sein Kofferradio dabei habe. Er holte es unter dem Sitz hervor, der es vor den Augen möglicher Diebe verbarg. Verlegen bat Karin, er möchte doch so lieb sein und die Kassette, die er bei der Evangeliumswoche in der Messehalle aufgenommen hatte, nochmals spielen. Das Lied klang durch das Brummen des Motors, unter dessen Klang vor einem Jahr Martin mitten durch die Tausende von Menschen in der Messehalle gegangen war, um sich zu Christus zu bekennen:

Sag nicht nein,
Gott ruft auch dich,
sieht, wie es um dich steht.
Sag nicht nein,
wenn dir sein Wort
tief zu Herzen geht.
Sieh, er liebt dich,
nimmt deine Sünden
und die Lasten dir fort.
Neues Leben
will er geben.
Komm und glaube
an sein Wort.

Das Lied war zu Ende. Karin bat: »Spiel es noch einmal.« Martin tat es. Schließlich summten und sangen alle den Refrain mit: »Neues Leben will er geben. Komm und glaube an sein Wort.«

Als sie in dem kleinen Fischerdorf Marciana Marina in Richtung des Monte Capanne abgebogen waren, schaltete Martin den Recorder aus. Vor ihren Augen tat sich die wilde Schönheit der hohen Berge auf. Auf engen Serpentinen kämpfte sich der alte Wagen zu einem malerischen Bergdorf hinauf, dessen kleine in heller Farbe bemalten Steinhäuser sich wie schutzsuchend aneinanderschmiegten. Poggio sah aus wie ein Schwalbennest, das am Fuße des Felsmassivs klebte.

»Ich möchte anhalten«, sagte Erich. »Ich möchte dieses Dorf fotografieren.« Sie stiegen aus und sahen zum Monte Capanne hinauf und zum blauen Meer hinunter. »Es ist wohl die Angst vor den Gewalten der Natur, die die Menschen hier so eng zusammenbauen läßt«, sagte Erich wieder. »Ein Haus schützt das andere vor den Stürmen des Winters.«

In Poggio mußten sie einige Male anhalten, um entgegenkommende Fahrzeuge vorbeizulassen, so eng war die Straße. Sie fuhren an der Fonte Napoleone vorbei, an der Quelle Napoleons, aus der er getrunken hatte, wenn er auf seinen Maultierritten die Insel überquerte. Sie beschlossen, die Quelle später zu besichtigen, um heute noch unbedingt auf den Monte hinaufzukommen. Aber an der Talstation der Kabinenbahn erfuhren sie, daß die Cabionavi heute nicht in Betrieb sei.

Karin war bitter enttäuscht. »Ich wollte euch zeigen, wie schön es dort oben ist! Ich wollte euch zeigen, wo Serafim mit mir gesprochen hat.«

»Sei nicht traurig«, sagte Erich, die Karte studierend. »Wir kommen hinauf. Wir fahren zurück nach Poggio und biegen hier in diesen schmalen Weg ein, der über den Paß auf die Südseite der Insel führt. Von hier oben aus müßten wir in den Berg einsteigen können.«

Martin machte ein bedenkliches Gesicht und sagte: »Vorausgesetzt, du kommst mit dem Peugeot überhaupt da hinauf.«

Es wurde eine gefährliche Fahrt. Das Sträßchen war zwar geteert, aber sehr eng, steil und kurvenreich. Im Auto wurde es still. Hella bekam Angst. Sie sah besorgt in Erichs Gesicht, der im ersten Gang und vor jeder Kurve mit der Hupe ein eventuell entgegenkommendes Fahrzeug warnend, entschlossen bergauf fuhr. Hella entdeckte in seinen Augen etwas, was sie glaubte, nie bei ihm gesehen zu haben: einen Übermut des Abenteuers, der eigentlich nicht zu ihm paßte.

»Was geschieht, wenn einer entgegenkommt?« fragte sie ängstlich, denn linker Hand fiel der Fels fast senkrecht ab.

»Dann gebe ich Gas. Keine Gnade!« grinste Erich.

Es kam einer. Ein Lastwagen. Die beiden Fahrzeuge standen sich gegenüber. Erich legte den Rückwärtsgang ein und fuhr zurück, bis das Sträßchen ein wenig breiter wurde und der Fels zurücktrat. Er fuhr den Wagen so nahe an den bergseitigen Stein, daß kein Fingerbreit mehr Platz war. Langsam, zentimeterweise schob sich der Lastwagen vorbei.

Dann ging es wieder aufwärts.

»Dad, du kannst fahren«, sagte Karin bewundernd. Es tat Erich sehr wohl.

Sie atmeten auf, als sich oben auf dem Grat, die Straße verbreiterte und man auf der Seite zwischen Pinienstämmen den Wagen abstellen konnte. Rüstig wanderten sie in Richtung des Berggipfels. Es war tatsächlich kühl hier oben. Sie schritten kräftig aus. Der Pinienwald hörte auf. Nur noch einzelne verkrüppelte Kiefern fristeten windumtost ihr kümmerliches Leben zwischen Geröll und Felsbrocken. Der Weg war zu Ende.

Sie stiegen weiter in den Fels hinein. Jeder Schritt hob sie höher und weitete den Blick über die Insel, die ihnen zu Füßen lag. Immer wieder hob Erich die Kamera ans Auge, um die Schönheit zu fotografieren, die sich, ständig wandelnd, ihrer Bewunderung bot.

Die Sonne stand im Westen, genau über der Spitze des Monte Capanne. Das Licht konnte nicht günstiger sein, um die östliche Insel, die inmitten des blauen Meeres ihre Buchten und Berge der Kamera darbot, zu fotografieren. Immer wieder nahm Erich ein Bild auf: die Niederung bei Marina di Campo, die östlichen Erzberge bei Capoliveri und Rio Nell-Elba, verträumte Buchten und winzige Fischerdörfchen. Und immer die Gesichter seiner Frau und seiner Kinder. Erich freute sich darauf, diese Diapositive später zu Hause im Kreise seiner Lieben anzuschauen. Es war ihm auch ganz gleichgültig, daß er viel mehr Film brauchte, als er kalkuliert hatte. Sein verengtes Gemüt öffnete sich der Weite und Schönheit.

Als der Anstieg in die Felsen gefährlich für die Kinder wurde, bat Hella umzukehren. Die Sonne versank hinter dem Gipfelmassiv des Monte Capanne. Der mächtige Schatten des Felsen breitete sich über die Insel wie eine schwere Hand.

Sie suchten einen windgeschützten Sitzplatz im Gestein. Es wurde empfindlich kalt. Karin verteilte die gelben Regenumhänge, die sie unverdrossen hier herauf geschleppt hatte. Sie erntete großen Dank. So saßen sie, sechs winzige Menschlein in gelben Kapuzen, inmitten der wilden, gewaltigen Schöpfung. Der Schatten des Berges wurde immer größer. Dann erglühten im Abendlicht die weißen Wolken über der Küste Italiens. Die andern Berge Elbas und das Meer färbten sich rot. Mit weiten Augen sahen sie dieser Pracht der Farben zu, bis die Glut erlosch. Vorsichtig und still stiegen sie in der Dämmerung hinab zu ihrem Auto.

In Poggio hielt Erich an. »Wir essen hier eine Pizza. Ich möchte gerne eine original elbische Pizza!«

Fassungslos blickte Hella ihn an. Warum tat er das? Er mußte doch sparen. Wollte er ihr eine Freude machen? Wollte er das wirklich?

Doch da erhob sich heftiger Widerspruch von Seiten der Kinder, denn sie sollten sich doch bei Einbruch der Dunkelheit an Serafims Zelt versammeln. Also fuhr Erich weiter bis zum Campingplatz. Er fuhr sehr vorsichtig, denn ihr Leben war wieder wert, gelebt zu werden.

Als sie ausstiegen, legte Hella ihre Hand auf seine: »Danke!« sagte sie leise.

Die vierte Gute-Nacht-Geschichte

Sie waren vom Abendrot der Insel noch so erfüllt, daß sie es Serafim erzählen mußten, als sie sich vor seinem Zelt niedergelassen hatten, ehe er mit der Abendgeschichte beginnen konnte.

»Und wo sind wir gestern stehengeblieben?« fragte er.

»Als Fips durch den verletzten Flügel des Raben Kolk in den finsteren Wald hinausblickte«, antwortete Dani.

»Als er den Entschluß faßte, die Flugfeder zu suchen«, antwortete Karin.

»Aber wie soll er sie finden?« fragte Erich. »Der Wald ist groß, und Fips ist klein.«

Der Affenjunge wußte wohl, daß es gefährlich war, in der Dunkelheit in den Wald zu gehen. Aber immerzu tropfte rotes Blut aus der Wunde des Raben. Er konnte es nicht ertragen, daß sein lieber Freund so litt. Also schlüpfte er, ohne daß der vor Erschöpfung eingeschlafene Rabe es gemerkt hätte, unter dessen Flügel hervor und kletterte, nach allen Seiten spähend, am Stamm der Großen Fichte hinab auf den Erdboden. Hier unten war es furchterregend finster. So schnell Fips konnte, lief er über den Erdboden und kletterte dann am Stamm der Runden Linde wieder hinauf.

Er hatte, als er bei Eichhörnchens wohnte, einige nette Singvögel kennengelernt. Diese wollte er fragen, ob sie vielleicht die schwarze Feder gesehen hätten, als der Grüne Mann auf den Raben schoß.

Hoffnungsvoll kletterte Fips in die Runde Linde hinauf. Da merkte er, daß sich unter ihm am Stamme ein großer dunkler Schatten ebenfalls in die Höhe schob. Zu Tode erschrocken preßte sich der kleine Affe in den Schatten eines dicken Astes. Das war Martes, der furchtbare Marder, der in der Krone der Runden Linde die Nester der Vögel ausräubern wollte. Dort oben nisteten auch die Turteltauben. Frau Taube saß Tag und Nacht auf einem festen, aus Zweigen geflochtenen, mit Moos und Federchen liebevoll ausgepolsterten Nest. Sie hatte Fips erzählt, daß unter ihr zwei allerliebste, blaugesprengelte Eier lägen, in denen zwei Turteltäubchen entstünden. Sie war glücklich und hatte immerzu guru-guru durch den Wald gesungen, während Herr Turteltäuber sie getreulich mit Saatkörnern versorgte, die er von den Äkkern der Menschen holte.

Und nun kam Martes, um die Mutter zu töten und die Kinder zu fressen.

Fassungslos beobachtete Fips, wie das schreckliche Raubtier sich unhörbar zum Taubennest emporarbeitete. Fips war ein winzig kleiner Affenjunge, aber sein Herz bebte vor Zorn und Empörung. Er beschloß zu kämpfen. Denn es kommt nicht nur auf die Kraft an, sondern auch auf das, was im Herzen ist. Jawohl, er würde kämpfen gegen Martes, den Edelmarder, der in Wirklichkeit ein ganz großer Feigling war. Jawohl, ein Feigling, *weil er heimlich bei Nacht kleine Vögel mordete. Und weil das Herz des kleinen Affen so voll Zornes wurde, vergaß er alle Vorsicht und rief laut durch die schlafende Baumkrone der Runden Linde: »Eierdieb! Eierdieb!«*

Die Singvögel schreckten alarmiert aus ihrem Schlaf und flüchteten schreiend und hilflos flatternd aus der Linde. Nur Frau Taube blieb auf ihren Eiern sitzen. Sie bebte vor Angst und Schrecken, aber sie floh nicht.

Als der Marder sah, daß er entdeckt war, richtete sich seine ganze Wut gegen Fips. Er raste den Stamm entlang auf den Ast zu, auf dem der Affe saß. Aber Fips schwang sich auf einen anderen Ast. So weit konnte der Marder nicht springen. Seine Augen glühten vor Zorn. Er lief zum Stamm zurück und auf dem Ast entlang, auf dem Fips jetzt saß, sich aber leichthändig zu einem anderen Ast schwang. Martes sprang zurück. Er verlor in seinem Zorn die Überlegung und raste immer von Ast zum Stamm, vom Stamm zu einem anderen Ast, ohne sich klar zu werden, daß der kleine Affe viel weiter springen konnte als er. So würde er Fips niemals erwischen.

Als Fips das erkannte, war sein Kampfplan fertig. Er wollte Martes so reizen, daß er ihm auf einem ganz dünnen Ästchen nachkletterte und zu Boden stürzte.

»Eierdieb! Eierdieb!« rief Fips durch die Runde Linde. »Martes ist ein Eierdieb, ein Feigling und ein Eierdieb!«

Der Marder verfolgte Fips auf einem schmalen Zweig. Jetzt mußte Fips die Sache genau berechnen. Langsam wich er zurück. Sie waren hoch oben in der Linde. Das Ästchen bog sich unter der Last des schweren Marders. Martes spürte die Gefahr und hielt inne.

Da sah Fips in der Dunkelheit den gelben Fleck auf dem Fell des Marders schimmern, der Stolz der Edelmarder, den sie wie einen Orden an ihrem Hals tragen. »Ha!« rief Fips. »Schaut her, ihr Vögel! Martes hat einen gelben Eierfleck am Bauch. Martes suckelt. Martes braucht ein Lätzchen!«

Mit bebenden Flanken schob sich der Marder weiter vor. Als seine schrecklichen Krallen Fips erreichen konnten, stieß sich der kleine Affe ab. Der Zweig brach. Fips erreichte einen andern Ast und sah zu, wie Martes, schreiend und im Fall sich windend in die Tiefe stürzte und auf dem Boden aufschlug. Wimmernd hinkte der Räuber davon.

Der Wald hielt den Atem an. Die Singvögel wollten kaum glauben, was ihre Augen gesehen hatten: Der Unbesiegbare war besiegt worden.

»Kommst du zu uns hoch?« gurrte Frau Taube. »Und ihr Vögel! Kommt alle zu uns hoch!«

Fips und die vielen Singvögel versammelten sich um das Taubennest. Frau Taube hielt eine Dankesrede und lobte Fips mit zärtlichen Worten.

Dem Äffchen wurde es ganz weich ums Herz.

Dann fiel ihm wieder ein, warum er hier war. »Ihr könntet mir auf eine viel nützlichere Art danken als mit euren Reden«, sagte er. »Ihr könntet mir helfen, die Flugfeder des Raben zu suchen. Ihr könntet morgen durch den Wald fliegen und überall umherschauen.«

»Das machen wir!« sagte der Dompfaff. Er war sehr angesehen. »Ich übernehme die Einteilung. Eine Suche muß man gut organisieren.«

Die Amseln sollten das Gebiet um den See herum absuchen, die Finken den Kiefernwald, die Meisen die Tannenschonung, die Spatzen die Wiese, die Staren den Wald jenseits der Straße, und er selbst wollte mit den Rotkehlchen und Goldammern das Gebiet um die Gerichtseiche absuchen, Meter um Meter. Fips war sehr froh. Nun würden sie sicher die Feder finden. Da war System drin.

»So«, rief Frau Taube, »und nun ab zu den Nestern, sonst werden die Eier kalt.«

Die Singvögel schwirrten zu ihren Nestern. Fips saß noch eine Weile beim Nest der Tauben. Der Mond schien. Sie begriffen jetzt erst richtig, in welch großer Gefahr sie sich befunden hatten. Frau Taube schluchzte immer wieder: guru-guru!

Als sie sich ein wenig auf den Eiern räkelte, sah Fips, daß auf dem Nestrand schöne, goldbraune Körner lagen. Er griff einfach zu und aß ein paar.

»Magst du das?« fragte Frau Taube.

»O ja, sehr! Ich habe solchen Hunger!«

»Iß! Iß! Alle!«

Er aß fast alle auf. Nur die letzten drei Körner behielt er zwischen seinen kleinen Händen.

»Für den Raben«, erklärte er.

»Morgen bringe ich euch welche«, sagte der Täuber. »Ich kann auf meinen Flügen immer wieder einen Kropf voll bei euch abladen.«

»Ja, tue das«, sagte die Taube. »Wir kommen gut zurecht.«

Fips nahm die drei Körner in die Hand und kletterte zur Großen Fichte zurück. Er ging nicht mehr auf den Erdboden hinunter. Er schwang sich von Baum zu Baum. Er wußte nun, wo seine Stärke war. Morgen würden die Singvögel suchen. Er war voller Hoffnung.

»Ich habe dir drei Körner mitgebracht«, sagte er zum Raben und öffnete die kleine Hand vor dem großen Schnabel. Andächtig pickte der Rabe eines nach dem andern auf.

»Du hast Martes besiegt«, sagte Kolk. Seine Stimme klang stolz und glücklich.

»Woher weißt du das?«

»Ich habe das Loblied der Vögel gehört. Ein Loblied mitten in der Nacht.«

»Wir werden auch die Feder finden!«

»Das wäre gut, mein Sohn!« sagte der Rabe.

Fips kuschelte sich unter dem großen Flügel zurecht. Er hat »mein Sohn« gesagt, dachte er. Dann schlief er ein.

»Und nun auch euch eine gute Nacht!« schloß Serafim die Erzählung und sah prüfend über das Meer, das nun beängstigend still war. Der Abend hatte an der Küste überhaupt keine Kühlung gebracht. In den Bäumen regte sich kein Blättchen. Es war unheimlich und schwül.

»Wir sollten unsere Zelte fest machen«, meinte der Arzt. »Es kommt ein Unwetter. Es hat hier seit drei Monaten nicht geregnet.«

Das Gewitter ohne Wolken

In der Nacht schreckte Dani auf, als das erste lange Donnergrollen über das Zelt hinwegrollte. Ängstlich kletterte er zu den Eltern hinauf und kroch zu seinem Vater in den Schlafsack. Dort schlief er sofort wieder ein, wie das Affenkind unterm Rabenflügel. »Das ist der Sinn des Lebens«, sann Erich. »Ich brauche nicht zu suchen. Es ist nur eine Frage des Durchhaltens.« Er fühlte die Bewegungen des dürren Kerlchens neben sich und lauschte dem Donner.

Das Gewitter wurde zunehmend stärker. Harte Donnerschläge zerrissen die Stille der Nacht. Die Pausen zwischen den grellen Blitzen wurden kürzer. Dieses Gewitter war anders als das am Vierwaldstätter See, gefährlicher, unheimlicher. Erich stand auf, worauf Dani sofort in den Schlafsack seiner Mutter überwechselte.

Erich trat vors Zelt und sah zum Himmel empor. Zu seinem Erstaunen waren die Sterne von keiner Wolke verdeckt. Der untergehende Mond stand zwischen dem Monte Capanne und dem Monte Giova. Es sah aus, als reite er auf dem Felsgrat zwischen den beiden Gipfeln.

Jetzt kamen auch Karin und Martin vors Zelt. Die Blitze ließen für Sekunden die Waldkuppen und Felsspitzen in scharfem Licht erscheinen.

»Entweder ist das Gewitter auf der Südseite der Insel und läßt die Blitze nur über die Wasserscheide herüber zucken, oder ich weiß nicht –«, sagte Erich.

»Die Insel ist an der schmalsten Stelle nur fünf Kilometer breit«, überlegte Martin. »Warum sehen wir keine Wolken?«

»Es ist ein fremdes Land«, gab Erich zu bedenken.

»Was wird das werden?« fragte Karin. »Ich habe Angst.«

»Es ist fast wie im Krieg, wenn die Bomber kamen«, erinnerte sich Erich. »Wenn die Flak schoß und die Scheinwerfer nach den Flugzeugen suchten. Wenn die Leuchtzeichen über Frankfurt an Fallschirmen hingen und den Bombern zeigten, wo sie ihre tödliche Last abwerfen sollten. Die Erde bebte. Die Ohren dröhnten von den Explosionen. Die Häuser zerbarsten und verbrannten; und die Menschen starben.«

»Hattest du damals Angst?« fragte Karin.

»Ja. O ja.«

»Und jetzt?«

»Jetzt? Nein. Es ist nur ein Gewitter.«

Allerdings – Erich empfand auch das Unheimliche. Kein Blättchen bewegte sich in den Mimosen und Eukalyptusbäumen. Keine Wolke schob sich unter die Sterne. Das Meer schwieg, als wäre es unfähig, seine Wellen zu bewegen. Und mitten in der Nacht war es drückend schwül.

Erich, Karin und Martin setzten sich auf die Steinmauer und beobachteten stumm das feurige Geleuchte. Karin lehnte ihren Kopf auf des Vaters Schulter. Dann bat sie: »Dad, gibst du uns die Urlaubskasse?«

»Warum?«

»Wir wollen dir eine Sorge abnehmen. Wir sind alt genug dazu.«

Erich glaubte, nicht recht gehört zu haben. Was mochte Serafim auf dem Berge da oben gesprochen haben, daß sie so verändert war? Erich hütete sich, sie zu fragen. Es gibt Dinge, die man zerstört, wenn man sie berührt.

»O. k.«, sagte er. »Ihr verwaltet die paar krummen Lire, die da sind. Wenn sie ausgegeben sind, löse ich einen Euroscheck ein. Das könnt ihr nicht für mich tun, weil die bei der Dirizione die Unterschrift mit der auf der Scheckkarte vergleichen. Für einen Scheck bekommt ihr dreihundert Mark, also einhundertneunundzwanzigtausend Lire. Sie wechseln nicht schlecht hier. Eine Mark gleich vierhundertdreißig Lire. Im Portemonnaie wird nicht mehr viel sein.«

»Siebenundachtzigtausend Lire«, gab Martin präzise an.

»Woher weißt du das?«

»Wir haben gestern eingekauft!«

Das Gespräch verstummte wieder. Erich verbarg sein Erstaunen darüber, daß sie Verantwortung tragen wollten. Vorgestern empfand er die Verantwortung für seine vier Kinder als unerträgliche Last. Nun gaben sie ihm zu verstehen, daß sie ihm helfen wollten. Es kam so unerwartet von Karins Seite her, daß Erich sich noch nicht zu freuen wagte.

Als das Gewitter nicht heftiger wurde, aber auch nicht aufhörte, legten sie sich wieder ins Zelt, wo Mutter die beiden Kleinen in ihrem Schlafsack hütete.

Es donnerte bis ins Morgengrauen hinein. In der Atmosphäre mußte eine ungeheure elektrische Aufladung vorhanden sein, die sich nicht entladen konnte. Trotzdem ging die ganze Familie nach dem Frühstück zum Schwimmen. Die See lag reglos da, wie Wasser in einer Pfütze. Es war womöglich noch heißer geworden.

Die älteren Geschwister setzten ihre Entspannungsstrategie fort: sie spielten mit den Kleinen, gaben Schwimmunterricht, nahmen sie mit auf Spaziergänge und ließen die Eltern allein.

»Ich habe Angst«, flüsterte Hella, als sie unterm Sonnenschirm lagen und in der unerträglichen Hitze kaum atmen konnten.

»Warum?«

»Du hattest recht. Wir hätten nicht auf diese Insel gehen sollen.«

»Das sagst du, die du dich so sehr auf Elba gefreut hast?«

»Es liegt etwas Schreckliches in der Luft.«

Erich sah ihre Angst. Welch seltsame Frau. Sie fühlte Dinge, die er so nicht empfand. Für ihn wurde es trotz des belastenden Klimas jetzt leichter. Er hatte jetzt den Eindruck, sich zu erholen. Und sie hatte Angst.

Hella suchte Erichs Hand.

Das Elternhilfswerk KMBD

Während die Eltern im Schatten des Sonnenschirms ihren Gedanken und Gefühlen nachhingen, waren die Kinder aktiv. Martin hatte gehört, daß ein Deutscher sich darüber beklagte, daß auf dem Zeltplatz keine deutschen Zeitungen zu erhalten wären. Martin erkannte sofort, daß hier eine Marktlücke bestand, in die er vorstoßen konnte.

Die Geschwister hielten, als sie sich von den Eltern abgesetzt hatten, im Schatten eines Felsen einen Wirtschaftsrat, dessen Beschlüsse sofort in die Tat umgesetzt wurden. Karin und Dani suchten die Papierkörbe des Campingplatzes, Martin und Bigi die des Strandes nach deutschen Zeitungen ab. Als sie sich wieder am Zelt trafen, hatten sie elf Tageszeitungen, mehrere Illustrierten und einige Taschenbücher.

Sorgfältig strichen sie das Papier so glatt, wie es eben ging. Damit war die Ware vorhanden. Sie rechneten den aufgedruckten DM-Preis in Lire um und schlugen fünfzig Prozent drauf. Eine Zeitung kostete damit zwischen dreihundert und fünfhundert Lire. Karin hatte einen Filzschreiber dabei. Liebevoll wurden die Zeitungen ausgezeichnet. Dann malte Karin auf einen Karton:

GEBRAUCHTE DEUTSCHE ZEITUNGEN UND ZEITSCHRIFTEN ZUGUNSTEN DES ELTERNHILFSWERKS KMBD

»Was heißt KMBD?« fragte Martin verblüfft.

Karin grinste: »Karin, Martin, Bigi und Dani!«

»Klingt sagenhaft!«

Unternehmungslustig bauten sie beim Eingang zum Sanitärhaus mit Hilfe einiger Obstkisten ihren Zeitungsladen auf. Das Geschäft lief großartig. Obwohl die Zeitungen alle über eine Woche alt waren, wurden sie innerhalb einer Stunde mitsamt den Illustrierten und Taschenbüchern verkauft. Die Kinder hatten über zwölftausend Lire in der Tasche. Ihre Begeisterung war grenzenlos.

Nun ergab sich das nächste Problem: Woher weitere Zeitungen bekommen? Die Camper, die Portoferraio oder Pocchio oder Porto Azurro besuchten, brachten deutsche Zeitungen mit. Wie aber an diese Blätter herankommen?

Die Geschwister beschlossen, ihren Laden vorübergehend zu schließen und nachzudenken. Es war wohl auch besser, wenn die Eltern von ihrem Elternhilfswerk nichts erfuhren. Musch wäre entsetzt. Wie Dad reagieren würde, war nicht abzusehen.

Sie packten also ihre Verkaufskisten weg und stapelten sie hinter ihrem Zelt, versteckten ihr Firmenschild unterm Anhänger, stellten begeistert fest, daß sie mit ihrer Tageseinnahme den Einkauf des Mittagessens bestreiten konnten, und spazierten wieder hinunter zum Strand.

Als sie an Serafims Zelt vorbeikamen, stellten sie fest, daß sein Motorrad nicht hier war, er also wieder irgendwo allein die Insel genoß. Karin dachte, daß er ein einsamer Mann wäre, aber Bigi sagte: »Wenn Serafim eine Zeitung kauft, geben wir sie ihm zum halben Preis.« Mehr war bei Bigi nicht drin.

Dann zeigte sich das kleine Mädchen von seiner schlimmsten Seite. Als die Geschwister an den Sonnenschirmen des Strandcafés vorbeikamen, wo die Leute ruhten, die sich einen Schirm mit Liegestuhl mieteten, die Kapitalisten also, las ein älterer Herr seine Frankfurter Allgemeine Zeitung. Bigi machte sich selbständig und steuerte auf den Zeitungsleser zu.

Ein erbarmungswürdiger Seufzer ließ den Herrn aufsehen. Vor ihm stand ein kleines, flachsblondes Mädchen, das ihn mit großen, traurigen, blauen Augen flehentlich ansah. »Hast du Kummer?« fragte er teilnehmend.

»Ich bin ein armes Waisenkind«, seufzte Bigi. »Ich muß Altpapier sammeln. Wenn Sie die Zeitung gelesen haben, wäre ich dankbar. Oh, sehr dankbar!«

Der Herr sah Bigi belustigt an. Aber ihr Jammergesicht machte ihn unsicher. Er faltete seine Frankfurter Allgemeine zusammen und reichte sie dem armen Waisenkind. Ein unbeschreiblich dankbarer Augenaufschlag und ein formvollendeter Knicks belohnten sein gutes Herz. Müden, trauernden Schrittes trug Bigi die Zeitung davon.

Als sie außer Sichtweite zu den Geschwistern kam, prusteten alle los. Das war die Masche! Bigi als Zeitungsbettlerin. Betteln und die Papierkörbe kontrollieren – das würde es bringen! Martin sauste nochmals hoch zum Zelt, um die Beute zu verstecken.

Sie gingen zu den Eltern, bei denen Bigi alle Kraft

brauchte, um die Zeitungsgeschichte nicht zu erzählen. Abwechselnd ruhten Karins und Martins strengen Blicke auf ihr, so daß sie doch lieber schwieg.

Die Eltern erklärten nun sehr bestimmt, daß sie jetzt alle zum Zelt hinaufgehen, ein wenig essen und dann ruhen wollten, denn es sei hier seltsam drückend. Die Kinder hätten gerne noch gebadet, aber der Ton der Eltern ließ keinen Widerstand zu. Karin wollte schon dagegen reden, als sie sich erinnerte, was Serafim gesagt hatte. Still ging sie mit hinauf. Es war wirklich drückend.

Der Tornado

Erich lag faul vor dem Zelt und sann über die Zusammenhänge des Klimas und der Arbeitsintensität eines Volkes nach und kam zu dem Schluß, daß er auf Elba auch nichts tun würde, als ihn hastende Schritte und Rufe in italienischer Sprache aufschauen ließen. Warum liefen diese Leute alle zum Parkplatz hinauf, von wo aus man den besten Ausblick übers Meer hatte? Was riefen sie?

Erichs Neugier war größer als seine Faulheit. Er ging auch hinauf, wo viele Menschen aufs Meer hinausblickten. Was war das?

Parallel zum Horizont des Wassers schwebte eine breite, schwarze, an der unteren Kante wie mit einem Lineal geschnittene Wolke, von der ein starker, ebenso schwarzer Pfeiler senkrecht in die See herabreichte. Als ob eine schwere Decke auf einem Pfeiler lagerte. Erich war kurzsichtig, aber nun erkannte er es auch: Das war kein Pfeiler. Das war ein Bohrer, der ins Meer einen tiefen Krater bohrte und das Wasser turmhoch in einem trichterförmigen Kreisel aufwirbelte. Welch eine Kraft! dachte

Erich noch bewundernd, als er merkte, daß der Tornado mit Windeseile auf ihre Insel zukam, und zwar genau auf ihre Bucht, den Golfo di Biodola in eine kreisende, tosende Wassermasse versetzend.

Die Leute begannen zu rennen. Einige liefen in das Sanitärhaus. Andere setzten sich in ihre Autos und flohen in die Berge.

Erich lief zum Zelt: »Hella! Raus! Ein Tornado! Die Kinder! Schnell, schnell ins Auto!«

Er nahm Dani unter den Arm, Bigi an die Hand und lief, was seine Kräfte hergaben, zum Wagen. Hella, Karin und Martin, nicht begreifend, worum es ging, aber von des Vaters Angst angesteckt, rannten hinterher. Dort sahen auch sie den Tornado auf sich zubrausen, jetzt mehr eine tosende, senkrecht sich drehende Sturmwalze, deren Spitze auf den Grund der See zu reichen schien. Entsetzt schlüpften sie ins Auto.

Erich drückte seiner Frau die Schlüssel in die Hand und befahl: »Fahr die Straße hoch! Oben, wo der Urwald niedrig ist, geht ein Weg ins Dorngestrüpp. Da fährst du hinein! Bleibt im Wagen! Bleibt im Busch! Ich bleibe beim Zelt. Gott schütze euch!«

Hella wollte sagen: bleib bei uns! Aber sein Befehl duldete keinen Widerspruch. Sie fuhr los, mußte kurz anhalten, weil andere Fahrzeuge sie behinderten, wobei sie nicht merkte, daß Karin aus dem Wagen sprang, und brauste dann die Straße hinauf, wie sie nie gefahren war, denn es ging um Leben oder Tod.

Erich lief zum Zelt. Er riß ein Schnurbündel aus dem Fach des Anhängers, um das Zelt noch mehr zu befestigen. Da war Karin und griff nach der Schere und schnitt, wie er es sagte, die Schnurrolle in Stücke.

»Was tust du hier?« brüllte er durch den Sturm.

»Ich laß dich nicht allein!« rief sie, die Schnüre mit fliegenden Händen an den Baumstämmen und den Zeltösen befestigend.

»Wenn die Bäume brechen und die Wohnwagen durch die Luft fliegen, legen wir uns dort an die Mauer! Klar? Die Hände übern Kopf!« befahl Erich.

»Klar!«

Die Schnüre waren gespannt. Jetzt brauste der Tornado heran. Der schwarze Todeswirbel mochte weniger als einen Kilometer von ihnen entfernt sein. Die Bäume begannen sich zu biegen. Erich und Karin faßten sich an den Händen und stellten sich schützend an die Zeltwand, die zu zerreißen drohte. Sie hielten sich an den Händen und beteten.

»Ich habe dich lieb, Dad!« schrie Karin.

»Ich dich auch. Bete! Bete auch für Musch und Martin und –«

Da stockte sein Wort. Der Tornado erhob sich von der Erde und fuhr gen Himmel. Er entschwand nach oben, die Wolken- und Wassermassen hinter sich herziehend, wie ein riesengroßer Korkenzieher in der oberen Wolkendekke, als ob Gottes gewaltige Hand ihn aus dem Meer gezogen hätte.

»Dad!« rief Karin. »Gott ruft ihn zu sich!«

»Ja, Kind, ja.«

Da brüllte das Meer auf wie ein wildes Tier. Der Sturm riß die schlanken Eukalyptusbäume fast aus der Erde. Handtücher und Bastmatten wirbelten hoch durch die Luft. Erich und Karin hängten sich mit aller Kraft an die Zeltschnüre. Aber es war nicht mehr der Tornado. Es waren nur noch seine Randkräfte.

Erich und Karin hielten das Zelt, bis der Sturm nachließ. Nun kam der Peugeot zurück. Hella fuhr durch den unversehrten Campingplatz bis zum Zelt. Sie warf sich Erich in die Arme und weinte.

»Es sah von oben furchtbar aus«, schluchzte sie. »Der Tornado kam genau auf euch zu. Wir schrien alle zu Gott. Dann fuhr er gen Himmel. Erich! Erich!« Sie weinte sich aus.

Erschüttert setzten sie sich ins Zelt, das heil geblieben war. Alles war noch da. Sie lebten noch. Gott war gnädig gewesen.

Dann brauste Serafim auf dem Motorrad heran. Er nahm den Helm ab. »Gott sei Dank!« sagte er. »Ihr seid wohlauf! Ich war oben in den Bergen, wo es kühler ist. Ich sah den Tornado entstehen und fuhr, so schnell ich konnte, aber – Gott sei Dank! – es ist vorbei.« Er fuhr weiter, um nach seinem Zelt zu sehen.

Die stoßenden Sturmböen beruhigten sich. Was blieb, war ein starker Wind und das böse Brausen des Meeres.

Hella kochte Kartoffeln und deckte den Tisch. Nach dem dankbar genossenen Mahl sagte sie: »Vater, willst du wieder die Abendandacht halten wie früher. Wenn wir jetzt tot wären, wäre ich nicht bereit gewesen, vor Gott zu treten. Ich war sehr weit weg von Gott. Wir sollten wieder die Abendandacht einführen.«

»Was meint ihr dazu?« fragte Erich.

»Gerne!« sagte Martin.

Karin zögerte, ehe sie ihre Antwort formulierte: »Ich habe es seither als fabelhaft empfunden, daß niemand auf einer Familienandacht bestand. Ich fand es auch einfach Spitze, daß mich niemand gezwungen hat, in die Kirche zu gehen. Aber als ich neben Dad vor dem Tornado stand, ging es mir wie Musch. Ich wäre auch nicht bereit gewesen, vor Gott hinzutreten. Ich hatte Angst vor dem Tod. Wir sollten die Abendandacht wieder einführen. Aber wir sollten den gegenseitigen Zwang vermeiden. Die Freiheit ist etwas Schönes.«

»Vielleicht können wir beides vereinen: Wir lesen einen

Abschnitt aus der Bibel. Aber wir beten nicht laut. Jedes kann für sich beten – oder nicht«, schlug Vater vor. »So jedenfalls wurde es uns im Elternseminar empfohlen.«

Sein Vorschlag fand die Zustimmung der ganzen Familie, nur Bigi sah der Sache mit Vorbehalt entgegen, denn das konnte langweilig werden, wenn die so lange beteten, und man nichts sagen durfte. Aber sie widersprach nicht, denn sie hatte wegen der Waisenkindgeschichte ein schlechtes Gewissen. Sie fürchtete, daß Gott den Wirbelsturm bloß deshalb geschickt haben könnte. Sie sah unsicher zum Himmel empor.

Erich nahm Martins Bibel und las:

»Gott ist unsre Zuversicht und Stärke,
eine Hilfe in den großen Nöten,
die uns getroffen haben.
Darum fürchten wir uns nicht,
wenngleich die Welt unterginge
und die Berge ins Meer sänken,
wenngleich das Meer wütete und wallte
und von seinem Ungestüm die Berge einfielen.
Dennoch soll die Stadt Gottes
fein lustig bleiben mit ihren Brünnlein,
da die heiligen Wohnungen des Höchsten sind.
Gott ist bei ihr drinnen,
darum wird sie fest bleiben.
Das Erdreich muß vergehen,
wenn er sich hören läßt.
Der Herr Zebaoth ist mit uns,
der Gott Jakobs ist unser Schutz.«

Als sie beteten, waren sie in der Tiefe ihres Lebensgefühls erschüttert. Jedes formte seinen Dank für die Ruhe nach dem Sturm in seinen eigenen Gedanken. Und nur Gott wußte, daß Bigi schon wieder um neue Zeitungen bat.

Martin rettet ein Motorboot

Das Brausen des Meeres war nun so laut, daß es selbst hier oben bei Hallers Zelt als gefährlich empfunden wurde. Als Hella die Kleinen wusch und Dad mit Karin den Geschirrabwasch erledigten, meldete sich Martin ab, um sich da unten einmal die Sache anzusehen.

Er machte große Augen, denn da, wo seither der breite Sandstrand zum Liegen eingeladen hatte, rollten jetzt meterhohe Brecher gegen die Felsen und Mauern an, stiegen an ihnen hoch wie wilde Pferde und stürzten, sich überschlagend, zurück, um von der nächsten Woge wieder hinaufgepeitscht zu werden.

Martin sah fasziniert dem Kampf der Elemente zu. Die kleinen Motorboote der Camper, die seither an Bojen verankert waren, hatten sich zum Teil losgerissen und tanzten führerlos auf den Wogen oder waren untergegangen oder lagen zerschmettert in den Klippen.

Das wird eine böse Überraschung geben, wenn die Besitzer den Schaden bemerken, dachte Martin mitleidig. Er schlenderte über die Straße zum andern Teil des Strandes und stellte sich vor, wie ihn so etwas ärgern würde. Da, wo sonst die Hotelgäste sich sonnten, tobte das Meer womöglich sogar noch wilder.

Ein älterer Herr sah von der Ufermauer aus wehmütig zu, wie sein prächtiges Motorboot, halb mit Wasser gefüllt, zu sinken drohte. Der Anker hatte sich losgerissen, und das Boot wurde hin und her und immer weiter ins Meer hinausgeworfen.

Martin gesellte sich zu dem alten Herrn und fragte: »Kann man das Boot nicht retten?«

»Ne, mein Jung«, sagte der Alte. »Das ist meins. Das hieße Gott versuchen, wenn einer da hinausschwimmen und es leerschöpfen wollte. Ein Eimer liegt ja drin. Aber –

ne – das schafft keiner. Es wird absaufen. Dann ist der Außenborder hin.«

Martin riß sich den Trainingspulli vom Leib, rannte die Treppen hinunter und warf sich in die Brecher. »Bleibst du hier!« schrie der Alte. »Du verrückter Kerl!« Aber Martin untertauchte den nächsten Brecher und ließ sich mit dem Absog ins Meer hinausreißen. Um ihn war nur noch Meer und Gischt, Kräfte, die ihn hochwarfen und hinunterrissen, doch er erreichte, mit aller Kraft kraulend, das Motorboot und zog sich hinauf. Da lag tatsächlich ein Eimer auf dem Boden des Schiffes. Martin schöpfte und schöpfte, bis das Boot aus dem Wasser kam.

Als er zum Ufer sah, standen dort mehrere Männer. Einer schoß mit einem Harpunengewehr eine Leine über das Boot. Martin band die Leine fest, so daß die Männer das Boot an Land ziehen konnten. Als das Schiff sicher auf der Mauer lag, schloß der alte Mann den Jungen in die Arme. »Komm mit, mein Jung!« Er nahm Martin mit in ein Appartement in einem der Ferienhäuser und berichtete seiner Frau, wie der Junge das Boot gerettet hatte. Die Mutter trocknete Martin ab wie ein Kind.

»Gib ihm eine von deinen trockenen Badehosen, Vadder«, sagte sie. »Der Junge muß trocken zum Campingplatz zurückkommen.« Martin zog sich um. Er wollte sich verabschieden, aber er mußte sich setzen und einen heißen Tee trinken und eine Stulle essen, und noch eine und noch eine.

»Vadder«, sagte dann die fürsorgliche Frau. »Das Boot hat zweiundzwanzigtausend Mark gekostet. Wenn das untergegangen wäre, hättest du es heben und den Motor zerlegen lassen müssen. Du verstehst mich?«

Der Mann schrieb lächelnd drei Euroschecks heraus und drückte sie Martin in die Hände: »Von dem Zeug habe ich genug. Aber solch einen Jungen habe ich nicht.«

In dankbaren Händen trug Martin die Belohnung ins Zelt und versteckte die drei Schecks in seiner Bibel. Er wollte sie seinem Vater nach der Gute-Nacht-Geschichte geben. Wenn man Gott umarmen könnte, hätte es Martin jetzt getan. So blieben ihm nur Gedanken des Dankes.

Die fünfte Gute-Nacht-Geschichte

Als Familie Haller sich wieder vor Serafims Zelt versammelt und auf dem Boden niedergelassen hatten, begann Serafim mit der gewohnten Frage: »Wo sind wir gestern stehengeblieben?«

»Als Fips den bösen Marder besiegt hatte«, antwortete Dani.

»Als der Täuberich versprochen hatte, Körner zu bringen, und die Singvögel helfen wollten, die Flugfeder zu suchen«, sagte Karin.

»Als der Rabe zu Fips ›mein Sohn‹ gesagt hatte«, sagte Martin.

Die gute Sonne ging wieder über dem großen Wald auf. Der Rabe beobachtete, daß die Singvögel aus der Runden Linde aufschwirrten und sich in alle Himmelsrichtungen verteilten, um nach der Feder zu suchen. Das Rabenherz hoffte inständig, daß eines dieser kleinen, flatterhaften Geschöpfe seine schwarze Flugfeder finden würde. Dann kam der Täuber angeflogen und setzte sich neben Kolk auf den Zweig.

»Leise!« mahnte der Rabe. »Er schläft noch.«

Es fiel dem Täuber schwer, sein Guru-guru zu unterlassen, aber Fips zuliebe tat er sogar das. Vorsichtig, damit kein Körnchen zur Erde fiel, entleerte er seinen Kropf in eine dicht mit Fichtennadeln bewachsene Zweiggabelung und erklärte, daß er bei der Versorgung seiner brütenden Gattin, immer wieder eine

Lieferung bei Kolk abladen könnte, denn er sei tief in der Schuld des kleinen Affen. So stolz der Rabe sonst Geschenke zurückwies, so gerne nahm er des Täubers Körner an, denn er hatte einen furchtbaren Hunger. Fips wachte auf. Dankbar aßen sie Korn um Korn.

Zu ihrem Erstaunen kehrten die Singvögel schon nach etwa zwei Stunden zurück und versammelten sich auf dem Gipfel einer Tanne. Das beunruhigte Kolk sehr. Wenn die kleinen Piepsschnäbel die Feder gefunden hätten, wären sie sofort zu ihm geflogen, denn dann hätte jeder der erste sein wollen, der die gute Nachricht brachte. Daß sie dort so still, so ohne Lieder, beisammen saßen, konnte nichts Gutes bedeuten.

Schließlich flog der Dompfaff zu ihnen herüber. Er strich eine Weile traurig mit seinem Schnabel die Federchen seiner herrlich roten Brust und seiner vornehmen grauen Flügel zurecht. Offenbar wollte er Zeit gewinnen, ehe er die böse Nachricht überbrachte. Dann sagte er: »Wir Singvögel haben die Feder gesucht und nicht gefunden. Wir hätten natürlich weitergesucht, aber da begegneten wir dem Mauersegler. Sie kennen ihn?«

»Ja«, sagte der Rabe. »Er ist wohl der schnellste Flieger weit und breit und wohnt in den Spitzen Felsen.«

»Ja«, fuhr der Dompfaff fort. »Er ist sehr schnell. Ich fragte ihn, ob er mitsuchen wollte. Aber er wußte, wo die Feder ist.«

»Wo?«

»Da, wo niemand sie holen kann. Im Horst des Habichts. Hakennase hat sie gefunden und triumphierend seiner Frau gebracht. Auf Ihrer schönen schwarzen Flugfeder hocken jetzt die Habichtsjungen.«

Der alte Kolk senkte seinen schweren Schnabel bis zu den Krallen seiner Zehen. Nein, dort konnte sie niemand holen. Frau Hakennase war noch größer als ihr Mann, und, wenn sie Junge heckte, kämpfte sie wilder als ein Adler. Außerdem – wie sollte er ohne Flugfeder fliegen und gar kämpfen? Nein, dort konnte sie niemand holen.

»Es tut mir leid«, sagte der Dompfaff. »Es tut mir sehr leid.« Er verneigte sich vor dem Raben und flog davon.

Niedergeschmettert saßen sie auf ihrem Ast, als der Täuber wieder kam und ihnen schweigend einen Kropf voll Körner brachte. Er flog wieder fort, weil er nichts zu sagen wußte. Manchmal fällt einem kein Trostwort ein, wenn man der Aussichtslosigkeit begegnet.

Kolk war dankbar, daß der Täuber nichts sagte. Er ist ein guter Kerl, dachte der Rabe. Und auch ein guter Flieger. Er wird mich noch eine Weile versorgen, aber auf die Dauer kann ich mich darauf nicht verlassen. Es ist nicht ungefährlich, zu den Äckern der Menschen zu fliegen. Sie könnten ihre Todesrohre auf ihn richten. Ich möchte nicht daran schuld sein, wenn ihm etwas Schlimmes widerfährt.

Als dies der Rabe gedacht hatte, beschloß er, auch ohne die rechte Flugfeder zu fliegen. Er wollte eine Flugtechnik entwikkeln, die es ihm wieder ermöglichte, selbst sein Futter zu suchen.

Aber Kolk wollte nicht, daß ihm Fips dabei zusah, wenn der einst so stolze Segler flattern mußte wie ein krankes Huhn. Der Junge könnte über ihn lachen. Das könnte Kolk nicht ertragen. Das nicht. Wenn der einzige, den man liebt, über einen lacht, ist es das Bitterste für ein altes Herz.

Kolk sagte also zu Fips: »Hör zu, mein Junge. Es ist doch sicher etwas langweilig, so immer bei einem alten Raben zu sitzen. Jugend gehört zur Jugend. Du hast Martes besiegt. Man kann dich allein in den Wald gehen lassen. Du kennst deine Feinde?«

»Ja«, antwortete Fips erfreut, denn es war tatsächlich etwas langweilig, so immer auf der Großen Fichte zu hocken. »Ich kenne meine Feinde.«

»Beschreibe sie!«

»Auf der Erde: der Fuchs, der Dachs, das Wiesel, der Marder. In den Lüften: der Habicht, der Bussard, der Rote Milan, der Turmfalke, der Rüttelfalke und die Krähenbande. Bei Nacht: der Uhu, der Waldkauz, die Waldohreule und die Schleiereule.«

»Du bist ein guter Schüler!« lobte Kolk. »Aber du hast deine zwei größten Feinde vergessen.«

Fips dachte angestrengt nach. Einer fiel ihm ein: »Der Grüne Mann mit dem Todesrohr«, sagte er.

»Ja. Der Grüne Mann sieht nicht gut, aber er hat ein Auge an seinem Todesrohr. Wenn er durch dieses blickt, trifft er dich bis ans andere Ende des Waldes. Du mußt auf die Warnrufe der Eichelhäher achten. Und auf meine. Wenn ich dreimal rufe, ist er im Walde. Dann verstecke dich. Das ist keine Feigheit, denn niemand kann mit ihm kämpfen. Außerdem hat er zwei große Hunde, die ihm dienen. Sie sind so stark, daß sie mit einem einzigen Biß einen Marder töten können. Hüte dich vor ihnen.«

»Ja, Rabe.«

»Und wer ist der zweite Feind?«

»Ich weiß es nicht.«

»Der König. Wir beide leben jetzt illegal im Walde. Er wird sehr zornig sein.«

»Was ist illegal?« fragte Fips. Das Wort klang schlimm.

»Es ist gegen das Gesetz«, erklärte der Rabe. »Jeder darf uns töten. Alles, was der Täuber und die Singvögel für uns tun, ist illegal. Sie werden Angst bekommen und sich wieder an das Gesetz halten und uns nicht mehr helfen. Also gehe und begreife und fühle den feindlichen Wald. Und komm wieder, ehe die Nacht anbricht, denn Martes wirst du ein zweites Mal nicht besiegen.«

Fips gab Kolk einen Kuß auf den Schnabel und sprang mit klopfendem, erwartungsfrohem Herzen zur nächsten Tannenspitze. Er ging nicht mehr hinunter auf den Boden. Hier oben war er stark. Glücklich schwang er sich von Ast zu Ast, von Wipfel zu Wipfel, von Kronengeäst zu Kronengeäst und übte dabei, nicht nur seine langen Arme und Beine immer gewandter einzusetzen, sondern sich auch mit seinem Schwanz an den Ästen festzuringeln. Es war geradezu gemütlich, so, am Schwanze hängend, an einem hohen Ast zu schaukeln und den Wald von oben herab zu beobachten.

Der Rabe sah ihm wohlgefällig nach. Er hat schon viel gelernt, dachte er. Er weiß jetzt, wo seine Stärke ist: oben im Gezweig, zwischen Himmel und Erde. Er wird auch das Wichtigste lernen: der Angst nicht nachzugeben. Er wird seinen Platz im Walde erkämpfen.

Dann stieß sich Kolk ab zum ersten Flug ohne Flugfeder. Er flatterte nervös und kam schließlich auf den Boden. Wenn jetzt der Fuchs oder der Marder auftauchte, wäre er verloren. Ein paar Spatzen lachten über ihn. Grimmig sah Kolk zu ihnen hinauf. Aber er trainierte weiter. Als die Sonne am höchsten stand, hatte Jakob eine neue Flugtechnik eingeübt: mit dem linken Flügel, die Luft nach unten schlagen, mit dem Rechten segeln und steuern. Als die Sonne im Westen unterging, saß Kolk wieder auf dem Gipfel der Großen Fichte. Die Spatzen, die ihn ausgelacht hatten, waren schleunigst verschwunden.

Kolk war erschöpft. Er war sich im klaren darüber, daß es zu Ende war mit den weiten Flügen. Nie mehr würde er hoch unter den Wolken segeln. Eine tiefe Niedergeschlagenheit wollte ihn besiegen, aber er kämpfte dagegen an. Der schlimmste Feind ist nicht der Grüne Mann, sondern die Angst im Herzen. Er konnte immerhin wieder fliegen, nicht hoch und nicht weit, aber er konnte sein Futter suchen. Gut, die Krähen würden über ihn lachen, und für Hakennase war er nicht mehr diskutabel, aber Fips brauchte ihn. Er richtete sich in seiner ganzen Größe auf. Wenn er saß, sah er noch gut aus. Er gab nicht nach!

Da sah er den Affenjungen in atemloser Flucht durch die Wipfel jagen. Kolk hob den müden Flügel. Fips schlüpfte darunter. Sein Atem flog und sein Herzchen schlug rasend schnell.

Der Rabe ließ ihm Zeit. Dann fragte er: »Warum fürchtest du dich, mein Sohn?«

»Ich habe ihn gesehen. Ich habe ihn ganz nahe gesehen«, keuchte Fips.

»Wen?«

»Den Grünen Mann! Ich saß auf einer Buche am Rande des

Hochwaldes, wo die breite Wiese beginnt, die man überqueren muß, wenn man zu den Spitzen Felsen will. Da kam er. Groß und grün. Er trug zwei Todesrohre. Eines in der Hand. Eines auf dem Rücken. Die beiden schrecklichen Tiere, die ihm dienen, waren bei ihm. Ich dachte an das, was du gesagt hast, und verbarg mich hinter dem Stamm der Buche. Ich floh nicht, obwohl alles in mir zur Flucht gespannt war. Ich floh bestimmt nicht. Erst als er vorübergegangen war, rannte ich zu dir. O Kolk!«

»Du bist ein guter Schüler, mein Junge«, sagte der Rabe. »Du hast es genau begriffen: Er sieht nicht gut. Wenn man sich nicht bewegt, sieht er einen nicht. Die Hasen kann er nur deshalb so leicht töten, weil sie davonrennen. Wenn sie die Kraft besäßen, sich auf dem Boden reglos zu verbergen, wenn sie die Kraft besäßen, die Angst auszuhalten und nicht zu fliehen, würde ihnen nichts geschehen. Aber ihre Angst ist zu groß. Doch – sage mir – was suchtest du am Rande der Wiese unterhalb der spitzen Felsen?«

»Ich wollte sehen, wo der Horst des Habichts ist«, antwortete Fips.

»Fips!« sagte der Rabe hart. »Ich verbiete dir hiermit ausdrücklich, in die Nähe des Habichthorstes zu gehen! Du kannst die Feder nicht holen! Ich kann auch ohne Flugfeder fliegen! Ich habe heute den ganzen Tag trainiert. Ich will nicht, daß du für mich stirbst!«

Darauf antwortete Fips nichns. Er war entschlossen, die Feder zu holen. Kolk hatte sie verloren, als er ihn rettete. Er würde morgen wieder versuchen, über die Grüne Wiese zu den Spitzen Felsen zu gelangen. Er liebte Kolk. Sein junges Herz war erfüllt von Liebe und Mut. Darauf kommt es an.

»Und nun schlaft gut und dankt Gott, nach diesem wundersamen Tag.«

Nach dieser fünften Gute-Nacht-Geschichte ging die Familie nachdenklich durch den dunklen Campingplatz zu ihrem Zelt hinauf.

Dani fragte: »Meinst du, Dad, daß der kleine Fips zum Nest des Hakennasen hinaufklettert?«

»Das kann er nicht; das schafft er nie«, antwortete Erich. »Niemand kann dort die Flugfeder holen.«

Aber Martin sagte: »Vielleicht doch. Serafim hat gesagt, daß das Herz des Affenjungen erfüllt war von Liebe und Mut. Wenn man Liebe und Mut hat, dann kann man fast alles.«

Betroffen suchten sich die Blicke der Eltern in der Düsternis. Sie hatten das Wort ihres Sohnes vernommen.

Martin spricht mit seinen Eltern

Als Karin, Bigi und Dani in ihren Schlafsäcken eingeschlummert waren, merkte Martin, daß seine Eltern vor dem Zelt unter den Sternen saßen. Er holte seine Bibel, in der er die drei Euroschecks versteckt hatte, und schlich leise zu den Eltern hinaus.

»Komm«, sagte sein Vater, »setz dich zu uns. Die Nacht ist wunderbar klar. Es ist um mindestens fünfzehn Grad kühler geworden. Du solltest auch den Trainingsanzug anziehen.«

Martin tat es. Eine Zeitlang saß er schweigend bei Vater und Mutter und sah mit ihnen zu den Sternen empor, die nach dem Tornado so nahe schienen, als könne man sie greifen. Immer wieder peitschte ein Windstoß durch die Wipfel und erinnerte an den Tornado, den Gott zurückgerufen hatte. Das Meer brauste zornig, als tobte eine ungeheure Gewalt in seiner Tiefe.

»Wir leben noch«, flüsterte Hella. Sie hatte ihre Hände hinterm Kopf gefaltet und sah, weit zurückgelehnt, zum

Himmel empor. »Wir leben alle noch: Dani, Bigi, Martin, Karin, Erich, Hella. Wir leben alle noch.«

»Ja«, sagte Martin. »Ich möchte euch etwas geben, damit ihr nicht so viele Sorgen habt.«

Er reichte seinem Vater die Schecks. Erich knipste die Taschenlampe an. Ungläubig betrachtete er die Wertpapiere. Dreimal dreihundert Mark, also dreihundertsiebenundachtzigtausend Lire!

»Woher hast du diese Schecks?«

Martin berichtete, wie er das Motorboot gerettet hatte. Er stellte alles sehr ungefährlich und leicht dar, aber seine Stimme zitterte in der Erinnerung. Die See hatte ihn doch fast erschlagen. Hella griff nach seiner Hand: »Junge! O mein Junge!«

»Das kann ich von dir nicht annehmen«, sagte Erich. »Du hast doch einige berechtigte Wünsche. Ein neues Fahrrad. Du kannst auf dem halbgroßen wirklich nicht mehr fahren. Eine Gitarre, die du in der Jungschar brauchst. Und einen Fotoapparat wolltest du doch auch. Kauf dir das davon, Junge!«

»Nein«, sagte Martin ernst. »Ich möchte meinen Anteil zu diesem wunderbaren Urlaub beitragen. Bitte, nehmt die Schecks!« Seine Stimme klang so flehentlich, daß Erich fühlte, er dürfe diese Liebe nicht zurückweisen. Er stand förmlich auf und reichte seinem Sohn die Hand. »Danke!« Und: »Spreche meine Anerkennung aus!«

Martin war froh, daß es dunkel war. Die Eltern sollten nicht sehen, daß er vor Glück fast weinte. Rauh fragte er: »Ist das die Flugfeder?«

Die Eltern antworteten lange Zeit nicht. Schließlich sagte sein Vater: »Es ist eine große Hilfe und eine große Liebe. Wir können davon den restlichen Urlaub finanzieren. Aber die Flugfeder, nein, ich glaube, die Flugfeder ist es nicht.«

Martins Freude brach in sich zusammen. »Warum?« schluchzte er mit seiner unsicheren Stimmbruchstimme. »Warum habt ihr euch nicht mehr lieb?«

Erich antwortete: »Du begreifst das sicher nicht. Wir sind zu verschieden. Wir fühlen zu unterschiedlich und gegensätzlich. Wir tun uns dauernd weh. Eins dem andern.«

»Werdet ihr euch scheiden lassen?« fragte der Sohn.

Hella antwortete: »Ich glaube nicht, daß es soweit kommt. Wir werden versuchen, wie der Rabe ohne Flugfeder zu fliegen. Mühsam und ohne Glück.«

»Das ist zu wenig!« sagte Martin bitter. »Ihr seid dumm! Ihr sitzt hier im Sternenlicht und reißt euch gegenseitig die Flugfedern aus. Und ihr könntet so glücklich sein. Und wir auch.«

Verzweifelt ging er ins Zelt und kroch in seinen Schlafsack. Seine Eltern hörten, daß er lange bitterlich weinte. Er hatte wohl recht. Sie rissen sich selbst die Flugfedern aus.

Hella fragte: »Hättest du etwas dagegen, wenn ich mit Dr. Kolb über unsere Ehe spräche?«

»Es wäre mir nicht recht«, antwortete Erich. »Warum soll ein Fremder um unsere Qual wissen? Doch – du bist frei. Du kannst tun, was du willst.«

Hella trachtete nun danach, Serafim allein zu treffen. Vielleicht würde er zu ihr etwas sagen, was sie verwandeln würde, wie Karin verwandelt worden war.

Der Wolkenbruch

Der Tag nach dem Tornado war von einer solchen Klarheit, daß man glaubte, zur Insel Capraia hinüberschwimmen zu können, obwohl diese etwa dreißig Kilometer entfernt war. Die Macht der Hitze war gebrochen. Es war angenehm kühl.

»Heute sollten wir nicht schwimmen«, sagte Erich nach dem Frühstück. Es gab keinen Widerspruch, denn da unten brodelte das Meer wie ein Hexenkessel. Sie beschlossen, auf einem in der Karte eingezeichneten Pfad quer durch die Macchia zur alten Zollstation zu wandern. Der Himmel war wolkenfrei. Ein kühler Wind wehte. Also los! Wenn die Kleinen müde würden, konnte man sie tragen.

Zwei Stunden lang waren sie fröhlich. Am Wegrand wuchsen ungewöhnlich große und süße Brombeeren, die sie aus den Dornen holten. Hella sang ein Wanderlied nach dem andern. Die Familie sang mit. Martin dachte, daß es so wie heute immer sein müßte.

Da zerfetzte ein furchtbarer Donner das Lied der wandernden Familie. Erschrocken sahen sie empor. Der Himmel war weiß.

»Umkehren!« sagte Erich gepreßt. »Ich trage Bigi. Martin trägt Dani. Da kommt wieder etwas! Wir sind nicht in den gemäßigten Breiten.«

Sie eilten auf dem schmalen Pfad in der dornigen Macchia zurück. Der Himmel wurde schwarz. Es wurde nacht. Funkensprühende Blitze zuckten durch die Finsternis. »Um Gottes Willen!« betete Hella. »Der Weltuntergang.«

»Nein«, beruhigte sie Erich. »Ein Gewitter. Sonst nichts. Merkt euch: Wenn euch die Angst packt, nicht fortrennen. Alle bleiben bei mir.«

Ein Blitz fuhr vor ihnen quer durch den trockenen Niederurwald, eine aufflammende Feuermauer hinter sich lassend.

»Hierbleiben!« befahl Erich. »Der Wald brennt. Wir sind abgeschnitten. Woher kommt der Wind?«

»Vom Feuer her«, rief Martin entsetzt.

»Also zurück!« Er preßte Bigi an sich und rannte zurück. Wieder hinein in die Macchia. Da brach der Wolkenbruch los, als wäre das Meer über ihnen und fiele von oben auf sie herab.

»Gottlob!« rief Erich. »Das Feuer ist aus. Hockt euch zu mir. Wir machen eine lebendige Hütte. Wir nehmen die Kleinen in die Mitte, falls es hagelt!«

Sie hockten sich im Kreis zusammen. Erich riß seine schon durchnäßte Jacke herunter und breitete sie über ihre Köpfe. Mit ihren Oberkörpern schützten sie Bigi und Dani.

Die eiskalten Wassermassen hatten sie sofort durchnäßt. Blitze zuckten um sie. Donnerschläge krachten. Das Wasser rauschte so laut, daß sie schreien mußten, um sich zu verständigen, obwohl ihre Köpfe dicht beisammen waren.

»Habt keine Angst!« rief Erich. »Lange kann das so nicht gehen. Soviel Wasser kann gar nicht da oben sein.«

Aber der Wolkenbruch hörte nicht auf.

Vom Berg her bahnte sich ein Sturzbach den Weg auf sie zu, Sand und Gestein mit sich reißend.

»Wir müssen hier weg!« rief Erich. »Wir gehen jetzt einfach durch das Wasser in Richtung Zeltplatz!«

Er warf Martin die durchnäßte Jacke zu, damit er Dani einhüllte, nahm Bigi auf den Arm und schritt voran. Aus den Wegen waren reißende Bäche geworden. Wenn es gefährlich wurde, hielten sie sich an den Händen, damit keines mitgerissen wurde. Drei Stunden benötigten sie, bis sie zum Zeltplatz zurückkamen. Der Wolkenbruch machte immer weiter. Sie froren bis ins Knochenmark und hatten alle die gleiche Angst, daß das Zelt weggerissen worden sein könnte.

Aber es stand noch. Unversehrt. Inmitten eines tiefen

Sees. Erich öffnete den Reißverschluß des Portals. Innen war es ganz trocken.

»Kommt herein!« sagte er. »Das ist ein Wunder! Da drinnen ist alles trocken!«

Zitternd vor Kälte halfen sie einander, die nassen Kleider vom Leibe zu ziehen. Erich zündete den Gasherd an, damit es wärmer würde und stellte Wasser auf. Er dachte, ein heißer Tee oder eine Fleischbrühe oder irgend etwas, hauptsächlich heiß, wäre jetzt wichtig. Sie trockneten sich ab und zogen Pullis an, was sie fanden. Die Kleinen wurden in die Schlafsäcke gesteckt, und immer noch donnerte der Wolkenbruch auf das Zeltdach, so daß man sein eigenes Wort kaum verstand.

Hella umarmte Erich. Sie schlotterte vor Kälte. »Wärme mich!« bat sie.

»Schlupf in den Schlafsack!« sagte er. »Ich mache eine heiße Fleischbrühe!«

Sie kroch in den Schlafsack und holte Dani und Bigi zu sich. Erich kredenzte heiße Fleischbrühe in Plastikbechern von Schlafsack zu Schlafsack. Sie wähnten, niemals hätte etwas so gut geschmeckt.

Plötzlich war es still. Sie sahen überrascht zum Zeltdach hinauf. Wolkenbruch Ende.

Hella sagte: »Weißt du noch, Erich, wie bitter wir waren, als wir diesen Platz bekamen, so weit weg vom Meer...«

»Ja«, sagte er beschämt.

»Und nun«, fuhr sie fort, »ist das wohl der einzige Platz, der fast ganz trocken geblieben ist. Es ist wie eine gute Fügung Gottes. Gibt es denn Fügung in solch kleinen Dingen?«

Sie war einfach dankbar. Ihre kleinen Kinder schmiegten sich an sie, und ihr Mann reichte ihr das heiße Mahl.
»Apropos einziger Platz, der trocken blieb«, sagte Erich.

»Wo ist Serafim? Was macht sein Zelt? Treibt das schon auf dem offenen Meer?«

Martin und Karin fuhren aus ihren Schlafsäcken. »Los!« befahl Erich. »Katastropheneinsatz! Hella, bleib du bei den Kleinen!«

Erich, Karin und Martin eilten hinunter zum kleinen Zelt des Arztes. Das hing, unter Schlamm und Sand begraben, am eisernen Zaun der großen Mauer. Serafim war nicht da.

Die drei zogen die Zeltplane und geknickten Zeltstäbe unter dem Schmutz hervor. Sie fanden durchnäßte Bücher, Geschirr, Gaspatronen und Wäschestücke. Als sie vorsichtig in dem wohl dreißig oder vierzig Zentimeter tiefen angeschwemmten Schlamm wühlten, kam Serafim auf seinem Motorrad. Grimmig half er ihnen, alles aufzuhängen, damit es trockne, falls die Sonne herauskäme. Sie kam. Er zählte seinen Siebensachen. Er hatte alles beisammen. Nur sein Tagebuch fehlte.

Sie bogen die Zeltstäbe gerade, ebneten seinen Platz wieder ein und bauten das nasse Zelt auf. Dann lud Erich den Arzt ein, bei ihnen zu essen.

Als sie zu Hallers Zelt zurückkehrten, hatte Hella ein kräftiges Essen gekocht. Dankbar nahm Serafim die Gastfreundschaft an. Er war sehr still, als sei ihm das alles nun plötzlich zu viel geworden. Auf Hellas Frage, ob es ihm nicht gut gehe, sagte er nur: »Ich werde alt.« Er sagte es so, daß weder Hella noch Erich ihm mit dummen Komplimenten seine Rüstigkeit vorhalten wollten. Aber sie baten ihn, in dieser Nacht seine Luftmatratze ins Familienzelt zu holen und bei ihnen zu nächtigen. Er wehrte ab. Später fragte ihn Hella: »Warum wollen Sie nicht hier übernachten? Unten ist doch alles naß.«

»Die Sonne scheint wieder«, sagte er. »Heute abend ist alles wieder trocken. Eine Familie ist eine Familie. Und ein Einzelgänger ist ein Einzelgänger.«

Verletzt sagte sie: »Ich wollte Ihnen nur helfen.«

Der alte Mann lehnte an einem dünnen Zeltstab. Er sah Hella an. Er sagte: »Als Christus starb, als er am Kreuz hing, standen unter ihm Maria und Johannes. Er sagte zu Maria: Weib, siehe das ist dein Sohn. Hella, siehe, Erich ist dein Mann.«

Er verließ ohne Gruß das Zelt und ging hinunter zu seinem nassen Zeug und suchte fieberhaft sein Tagebuch im Sand und im Schlamm. Aber er fand es nicht.

Die sechste Gute-Nacht-Geschichte

Dani und Bigi holten Serafim zur sechsten Gute-Nacht-Geschichte wieder herauf in ihr großes Zelt. Es war empfindlich kühl geworden, so daß es für Serafim keine Ausrede gab, nicht hier heraufzukommen.

»Wo sind wir stehengeblieben?« fragte er zum sechsten Mal.

»Als Fips nicht aufgab, die Flugfeder zu suchen«, sagte Martin. »Als sein Herz erfüllt war von Liebe und Mut!«

»Ja«, sagte Serafim und fuhr in der Erzählung fort:

Der Rabe war durch sein Flugtraining sehr ermüdet und schlief länger als sonst. Er merkte nicht, daß Fips frühmorgens in der ersten Dämmerung unter seinem Flügel hervorschlüpfte und sich auf den Weg zu den Spitzen Felsen machte, wo der Habicht wohnte. Der kleine Affe wollte an diesem Tag die Flugfeder zurückholen, koste es, was es wolle. Auch wenn es sein Leben kosten würde. Kolk hatte ihn vor dem Marder gerettet. Er wollte ihm diese Liebe zurückgeben. Er wollte und durfte nicht länger warten, denn sonst bestand die Gefahr, daß die Feder nicht mehr in des Raben Wunde einwachsen würde.

Entschlossen nahm Fips den direkten Weg durch die Wipfel der Bäume und versteckte sich in einer Tanne am Waldrand, um die Lage zu beobachten. Vor ihm lag die Große Wiese. Dort drüben waren die Spitzen Felsen. Es war noch die frühe Stunde des ersten Dämmerns, in der die Hirsche, Rehe und Hasen ihre Kinder zur Wiese führten, damit sie dort von den guten Gräsern essen und ein wenig tollen konnten. Milchige Nebelschwaden wogten über den äsenden Tieren. Die Tierväter standen hochgereckten Halses und sicherten nach allen Seiten.

Unter der Tanne, in der sich Fips versteckt hatte, trafen sich ein Hasenjunge und ein Hasenmädchen. Sie hatten sich unendlich viel zu erzählen. Eigentlich erzählten sie immer nur weiter, damit sie einen Grund hatten, zusammenzusitzen. Manchmal machte der Hasenjunge ein Männchen, als ob er sicherte. Aber er hatte nur das Hasenmädchen im Kopf. Fips beobachtete die beiden gerührt, und erkannte mit Trauer, daß für ihn kein Affenmädchen im Walde war. Jetzt weinte gar das Hasenmädchen und putzte sich mit der Pfote zierlich die Nase. Und dann, ach ja, ließ sie sich zwei große Tränen von dem Hasenjungen mit den Pfoten aus den Augen wischen.

Die anderen Tiere zogen sich in den schützenden Wald zurück. Die Nebelschwaden verflüchtigten sich. Hoch oben am Himmel erschien der Habicht und zog, Beute suchend, seine Kreise. Aber die dummen Hasen achteten nicht darauf. Sie hatten nichts im Kopf als zärtliche Worte, und jetzt verknoteten sie sogar ihre Ohren, so sehr lieb hatten sie sich.

Fips beobachtete die beiden mit größter Sorge. Der Habicht zog nun kleinere Kreise am Himmel. Von Kolk hatte Fips gelernt, daß er dann ein Ziel hatte und bald zustoßen wollte.

Fips stieß einen gellenden Warnruf aus. Aber die Häschen hatten kein Ohr für die Welt um sie her. Sie hatten ihre Ohren ja verknotet. Wenn der Habicht herabstürzte, waren sie verloren. Da riß Fips einen Tannenzapfen ab und tat etwas, was er noch nie geübt hatte: er warf den Tannenzapfen nach den Hasen. Er-

schreckt fuhr der Hasenjunge auf und riß, weil ja seine Ohren mit denen seiner Freundin verknotet waren, diese mit sich in die Flucht. Der Habicht stürzte herab, aber seine vorgereckten spitzen Fänge stießen in das Erdreich. Zornig sah er umher, wer seine Beute mit einem Wurf gewarnt hatte. Das war ihm neu. Das konnte nur das Menschentier gewesen sein. Aber Fips verbarg sich in der Tanne. Von dort aus konnte er den schrecklichen Feind genau betrachten. Sein Herzchen pochte vor Angst, denn der Habicht hatte wirklich schwefelgelbe Augen. Aber Fips floh nicht.

Stunde um Stunde wartete der Affenjunge auf den Augenblick, an dem kein Raubvogel über die Wiese flöge. Aber immer war einer da oben: entweder der Habicht oder der Bussard oder sogar der Rote Milan. Dann kam ein Krähenschwarm, und dann rüttelte ein Falke über ihm. Fips konnte die Wiese nicht überqueren. Er mußte immer wieder mit ansehen, wie unvorsichtige Mäuslein oder Frösche ein Opfer der Räuber wurden.

Als die Sonne schon im Mittag stand, wurde Fips mutlos. Wenn das so weiterging, mußte er bis zur Nacht warten. Aber dann würden die Nachträuber kommen, die Eulen und der Uhu, das Wiesel und der Fuchs. Was sollte er nur tun?

Das häßliche Geknatter eines Traktors veranlaßte die Tiere in die Tiefe des Waldes zu flüchten. Fips dagegen blieb ungerührt sitzen. In der Zeit seiner Gefangenschaft war er lange genug mit solchen Fahrzeugen transportiert worden, so daß er die Angst davor verloren hatte. Ein blauer Mann saß auf der Zugmaschine, kein grüner. Er hatte auch kein Todesrohr bei sich.

Kurzentschlossen faßte Fips einen Plan. Er kletterte am Stamm der Tanne zum Erdboden hinunter, wartete bis der Traktor vorbeifuhr und hängte sich an eine Stange unter den Boden des Anhängers. Der Traktor fuhr über die Wiese und trug den kleinen blinden Passagier sicher hinüber. Am Fuße der Spitzen Felsen sprang Fips ab und versteckte sich in einem dichten Busch.

Vorsichtig beobachtete er die Spitzen Felsen. Fast senkrecht stieg die Steinwand hinauf. Direkt über ihm war der Horst von Familie Hakennase. Fips entdeckte in der Steinwand einen schmalen Spalt. In diesem wollte er hinaufklettern und – wenn er noch lebte – wieder herunter. Er mußte jetzt ganz ruhig bleiben.

Als der Habicht fortgeflogen war, sprang Fips in den Felsspalt und kletterte hinauf. Die Kletterarbeit war für ihn kein Problem, aber er mußte sehr vorsichtig sein, damit kein Steinchen zur Erde fiel und ihn verriet. Er wußte, daß er die Feder nur holen konnte, wenn er Frau Hakennase überlistete.

Oben angekommen, spähte Fips über den Steinrand hinweg. Das große, mit stacheligen Zweigen geflochtene Nest lag nahe vor ihm. Die mächtige Frau Habicht saß darauf und fütterte ihre drei Jungen. Sie streckte ihm den Rücken zu. Aus dem Geflecht des Nestes ragte die schwarze Feder heraus.

Fips hatte keine Wahl. Die Raubvogelmutter würde das Nest nie verlassen. Herr Habicht war noch nicht zurückgekehrt. Unhörbar schlich der kleine Affe die kurze Strecke zum Nest und zog die Feder heraus. Blitzschnell verschwand er mit dem kostbaren Gut in seinem Felsspalt und kletterte hinunter.

Vom Felsspalt zum Busch waren es nur wenige Schritte. Lange prüfte der Affe die Lüfte und die Umgebung, denn jetzt wollte er nicht mehr ertappt werden. Dann sprang er in den Busch hinein und verbarg sich darin. Er preßte die Feder an seine Brust und zitterte vor Erregung. Frau Habicht hatte ihn nicht bemerkt. Sie hatte einen so riesengroßen Todesschnabel, aber sie hatte ihn nicht bemerkt. Fips schluckte lange, bis die Angst und das Glück, noch zu leben, in ihm wieder zur Ruhe kamen.

Oben kreisten die Raubvögel. Er wollte warten, bis es dunkel war. Vielleicht kam er dann über die Wiese. Er wollte sehr vorsichtig sein. Es ging nicht um ihn, es ging um die Flugfeder. Weil er nichts zu essen hatte, kaute er an der Rinde der Zweige und wartete, bis es dunkel wurde.

Während dieser langen Zeit saß der Rabe Kolk sorgenvoll auf der Großen Fichte. Als er aufgewacht war, war Fips nicht da und seither nicht mehr aufgetaucht. Kolk vermutete, daß er wieder nach den Spitzen Felsen Ausschau hielt. Mit seinen scharfen Augen sah er zu dem fernen Habichtshorst hinüber, konnte jedoch nichts Auffälliges entdecken. Der gute Täuber brachte ihm Futter. Gerne hätte er gefragt, ob man etwas von Fips wüßte, aber er ließ es sein; denn wenn Fips wirklich zum Habicht hochkletterte, war es das Beste, wenn niemand davon wußte. Es ist sehr selten, daß jemand den Schnabel halten kann.

So wartete er und sorgte sich. Immer wieder flog er eine kleine Runde, um sich zu trainieren. Aber er schämte sich heute vor den anderen Vögeln, weil er nur lächerlich flatterte.

Die Nacht kam. Der Mond ging auf, und Fips war noch immer nicht da. Kolk krampfte es das Herz zusammen, wenn er an die vielen Feinde dachte, die der Junge hatte. Er beobachtete im Mondenschein die Baumwipfel, ob Fips nicht daherhüpfte. Aber es war nichts zu sehen.

Aber Fips hüpfte mit der kostbaren Feder nicht über die Wipfel. Er war, sich in einen großen Graben drückend, sehr, sehr langsam durch die Wiese geschlichen und dann in den Bäumen von Ast zu Ast gehuscht, immer sichernd, immer vorsichtig. Je näher er zur Großen Fichte kam, um so höher schlug sein Herz. Jetzt sah er die schwarze Silhouette des Raben, der auf seinem Heimatzweig saß. Mit einem jauchzenden Glücksruf sprang Fips in die Fichte und kletterte zu Kolk hoch. Mit beiden Händen überreichte er dem lieben Freund die Flugfeder.

Des Raben Schnabel klapperte, aber er konnte kein Wort sagen. Dann hob er die rechte Schwinge hoch und sagte: »Stoß die Feder in die Wunde. Stoß hinein mit aller Kraft.« Fips tat es. Die Schwinge war wieder geschlossen.

Mit seinem schweren Schnabel versuchte Kolk, den Jungen zu liebkosen. »Du hast es fertiggebracht«, sagte er. »Du hast es fertiggebracht.« Sonst nichts. Er hob den geheilten Flügel und ließ Fips darunter sitzen wie immer.

Nun war der Flügel wieder dicht.

»Erzähle!« bat Kolk.

Aber Fips war schon an des Raben Herz eingeschlafen. Eine unendlich glückliche Nacht ließ den Raben nicht schlafen. Er lauschte immerzu auf das zarte Pochen des jungen Herzens. Er ist noch ein Kind, dachte Kolk. Aber er ist größer als ich. Achtung vor dem Jungen erfüllte ihn, Ehrfurcht, Liebe und Dankbarkeit. Er würde zwei Tage lang stillsitzen, bis die Feder eingewachsen war und dann wieder fliegen! Fliegen!

»Nun ist es auch für uns Zeit, um zu schlafen«, sagte Serafim, seine Geschichte beendend.

»Dürfen sie nun immer im Walde bleiben?« fragte Martin.

»Das werden wir morgen erfahren«, lächelte der Erzähler. »Gute Nacht!«

Die Eltern traten mit dem Erzähler vors Zelt. Hella sagte: »Die Flugfeder ist für uns zu einem Zeichen für das geworden, was wir verloren haben: die Liebe und den Lebensmut und den Glauben an Gott. Kann man das wiederfinden, wenn man vierzig ist?«

Serafim sah zu den Sternen auf. Man konnte gar nicht anders, als zu dieser funkelnden klaren Pracht hinaufschauen. »Ja«, sagte er. »Wenn man die Liebe lieben will, wenn man das Leben leben will, wenn man den Glauben glauben will, wenn man es so will, wie Fips die Flugfeder holen wollte. Wenn man aber sich selbst will, dann nicht. Wer sein Leben verliert, der wird's erhalten.«

»Ein Christuswort.«

»Ja. Ein Christuswort.«

»Kann ich mit Ihnen sprechen?« fragte Hella.

»Worüber?« Serafim versuchte, das Gespräch zu vermeiden.

»Über die Flugfeder. Über mich.«

»Morgen«, sagte er. »Wenn es hell ist.«

Hella findet Serafims Tagebuch

Am andern Morgen ging Hella zu Serafims Zelt, um mit ihm zu sprechen. Sie war entschlossen, über alles mit ihm zu sprechen. Die halbe Nacht lang hatte sie wach gelegen und ihren Lebensbericht vorbereitet. Sie war noch niemals bei einem Seelsorger gewesen. Sie versprach sich von dem erwarteten Gespräch nicht weniger, als die Verwandlung ihrer Nöte in Glück. Karin war auch anders vom Berge des Gesprächs gekommen, als sie hinaufgegangen war.

Hellas Enttäuschung war grenzenlos, als sie Serafim nicht in seinem Zelt antraf. Auch sein Motorrad war nirgends zu sehen. Er hatte nicht auf sie gewartet.

Darüber nachgrübelnd, warum er fortgefahren war, ging sie zum Meer hinunter. Das Unwetter des vergangenen Tages hatte die Straße aufgerissen und ganze Wälle von Geröll und Sand aufgeschwemmt. Zwischen Steinen und Sand lag halb vergraben ein Heft. Ein einfaches blaues Oktavheft. Hella hob es auf. Es war durchweicht und schmutzig. Vorsichtig löste Hella das nasse Umschlagblatt. Es war Serafims Notizbuch. Er hatte es mit einem Kugelschreiber geschrieben, so daß das Wasser die Schrift nicht ganz vernichtet hatte. Das meiste war noch leserlich.

Hella setzte sich auf eine Klippe, so hoch, daß die immer noch wild anlaufenden Brecher sie nicht erreichen konnten, und las:

Isola d'Elba, Bucht von Biodola, am 2. 8. 1979

Ich verstehe nicht, warum ich wieder nach Elba fuhr. Ich sitze vor meinem Zelt in der Bucht von Biodola. In den vergangenen Jahren zeltete ich in der »Sarazenenbucht«, wo es wilder ist, unberührter. Das hier war mir immer zu zivilisiert. Trotzdem habe ich hier nach einem Stellplatz gefragt und – erstaunlicherweise –

sofort einen erhalten, obwohl alles überlaufen ist. Ein schönes Plätzchen, direkt überm Meer.

Ich hatte den Plan, nach Sizilien zu fahren, dort zu zelten und an der Ostküste Italiens wieder nordwärts zu zigeunern. An der entscheidenden Abzweigung war es wie ein Zwang, in Richtung Piombino zu fahren. Ich bekam auch sofort einen Platz auf der Fähre, obwohl nicht Angemeldete lange warten müssen. Was ist das?

Es begann damit, daß ich auf der Autobahn zwischen Heidelberg und Heilbronn einer fremden Familie, deren Wagen eine Panne hatte, ein wenig half. Die Mutter fragte mich, ob ich auch nach Elba führe. Ich hätte sagen müssen, daß mein Ziel Sizilien wäre. Aber ich gab eine unbestimmte Antwort. Sie fragte es so, als ob für sie ein Trost darin läge, wenn ich auch auf Elba wäre. Ihre Hilflosigkeit rührte mich. Ich bin töricht. Niemand braucht mich. Ich bin allein übriggeblieben. Katharina und der Sohn leben nicht mehr. Freunde habe ich nie wirklich gehabt. Meine Hilfe wird überall geschätzt. Aber ich selbst bleibe allein. Es hat auch sein Schönes. Aber manchmal schmerzt es. Heute.

Ein fast lächerlicher Gedanke geht durch meinen Kopf: Könnte es eine Führung des Heiligen Geistes sein, daß ich hierher fuhr? So wie bei Paulus in der Apostelgeschichte 16, als er vom Geist nach Troas geführt wurde. Sei nicht vermessen, alter Mann! Du bist nicht Paulus.

Und doch – mein Verhältnis zu Christus ist in den vergangenen Jahren so intensiv geworden, wie ich das vierzig Jahre früher hätte haben sollen. Dann hätte ich leichter gelebt. Aber wenigstens jetzt. »Von allen Seiten umgibst du mich und hältst deine Hand über mich.«

Elba, 3. 8. 1979, nachts beim Schein des Gaslichtes: Während des Tages war ich oben in den Bergen, wo es kühler ist. Ich kann mich nicht sattsehen an der Schönheit dieser Insel. Dort oben las ich stundenlang im Johannesevangelium. Diese Bildworte für

Christus: Brot und Wort und Weg und Licht und Leben und Auferstehung. Ich versank in der Anbetung des Schöpfers und des Christus. Heiliger Geist und Glück.

Am Abend, als die Sonne unterging – diese Sonnenuntergänge hier auf Elba! O diese Sonnenuntergänge! – beobachtete ich, daß eine Frau sehr weit ins Meer hinausschwamm. Ich fragte mich, ob ich ihr nachschwimmen sollte. Endlich kehrte sie um und erreichte kaum das Land. Sie kam an meinem Zelt vorbei und betrachtete mein Motorrad. Ich ging zu ihr. Sie war völlig erschöpft. Es war die Dame von der Autobahn. Sie erzählte mir, daß ihr Jüngster krank wurde. Ich ging zu ihrem Zelt. Nichts Schlimmes. Hitzefieber. Für Kinder ist die Reise zu weit.

Und dann begriff ich mich nicht mehr. Ich erzählte den Kindern eine Gute-Nacht-Geschichte. Ein Rabe und ein hilfloses Affenjunges in einem nordeuropäischen Wald. Morgen soll ich weitererzählen. Ich könnte mich ohrfeigen. Ich beginne eine Erzählung, von der ich nicht weiß, wie sie weitergeht. Ich bin dadurch mit dieser Familie konfrontiert. Wenn es nur die beiden kleinen Kinder wären, gäbe das ein Märchen. Aber die Jugendlichen hören zu und die Eltern. Ich fürchte, daß die Geschichte eine Bedeutung bekommt, die ich nicht verantworten kann.

Ich bin verwirrt. Werde ich senil? Brauche ich Publikum? Und wie kam das, daß die Frau von der Autobahn hier unter meinem Zelt einen Verzweiflungsakt begann und abbrach, dessen Zuschauer ich sein mußte. Hella Haller heißt sie.

Das alles ist nicht gut für mich. Es zerstört die mühsam erarbeitete Ruhe meiner Seele.

Elba, 4. 8. 1979

Hier unten ist es sehr heiß. Ich fuhr wieder hinauf, diesmal auf den Monte Capanne. Ein wunderbarer Tag! Heute las ich den Römerbrief. Rechtfertigung. Dort oben in der wilden Schönheit des Sturmes, das Leben in Gottes Hände zu geben. Rechtfertigung. Versöhnung. Wiedergeburt aus dem Geiste. Ich dachte an mein Sterben. Ich stellte es mir vor. Immer wieder in verschiedenen Möglichkeiten. Im Krankenhaus. Vergessen in meinem Haus im Fichtelgebirge. Bei einem Verkehrsunfall. Ich ließ mir viel Zeit dafür. Es wird sein, wie es bei Christus war: »Meinen Geist in deine Hände.« Ewigkeit sonder Zeit. Ich glaubte, sie zu spüren.

Abends hoffte ich, daß Familie Haller vergessen würde, zur Abendgeschichte zu kommen. Aber sie kamen. Die Kinderaugen! Die älteste Tochter war nicht dabei. Nun ja. Sie ist wohl zu erwachsen für Kindergeschichten.

Trotzdem – ich fühle mich nicht wohl bei diesem Unterfangen. Es ist ein Rückfall in die Ebene der Romantik. Christ sein muß man auf anderer Ebene. Im Geiste.

Elba, 5. 8. 1979

Heute war ein langer Tag. Ich schreibe wieder beim Schein der Gaslaterne, auf dem Boden vor meinem Zelt hockend.

Ehe der Tag anbrach, beobachtete ich, wie Hallers Tochter mit vier Motorradjünglingen flüchten wollte. Es ging mich eigentlich nichts an. Aber ich weiß zur Genüge, wie solche Affären enden. Ich entschloß mich, ihnen nachzufahren. Zu diesem Zeitpunkt handelte ich noch verantwortlich. Es ging mir darum, das Mädchen vor einem schlimmen Schicksal zu bewahren.

Aber als ich auf der Maschine saß und nach Portoferraio fuhr, war ich wieder jung. Ich hatte Lust, Wölfe zu jagen und mich mit Rockern zu schlagen. Als wäre meine Seele umgestülpt. Das, was vor fünfzig Jahren war, war wieder oben und bestimmend. Im Fährhafen reizte ich den Entführer, zettelte Streit an, schlug ihn zusammen und ließ ihn unterm Armverdreher winseln. Ich bildete mir ein, es sei gut für Karin, wenn sie sähe, welch ein erbärmlicher Kerl das war.

Jetzt schäme ich mich. Das hätte anders gehen können. Oben auf dem Capanne erzählte ich Karin meine Jugend. Maruschka.

Nun ist alles wieder gegenwärtig: Das Haus, Vater und Mut-

ter, die Brüder, die Felder und Wälder. Und Maruschka. Begehren und Liebe und die Verzweiflung, ein Leben zerstört zu haben.

Maruschkas Bild mischt sich mit Karins Bild und Hellas Bild. Es wird Zeit, daß ich hier verschwinde.

Abends kam Familie Haller zur Rabengeschichte. Ihre Probleme sind offensichtlich sehr tief.

Ich werde einige Zeit fasten und mich weiter in den Römerbrief vertiefen. Paulus hatte durch seine Verfolgung der Christen auch schwere Schuld auf sich geladen. Trotzdem: »Nun wir denn sind gerecht geworden durch den Glauben, so haben wir Frieden mit Gott durch unseren Herrn Jesus Christus.«

Aber mein Herz ist unruhig in mir.

Elba, 6. 8. 1979

In der Natur künden sich Katastrophen an. In der Nacht ein Gewitter ohne Wolken. Meinen Kreislauf beschwert das Wetter. Ich floh am Vormittag wieder in die Berge hinauf und beobachtete die Entstehung eines Tornados draußen auf dem Meer. Als er immer größer und mächtiger wurde und geradewegs auf unsere Bucht zukam, bekam ich Angst um die Menschen auf dem Zeltplatz. Ich kniete im Gestein und flehte um Gottes Erbarmen. ER erhörte mich. Sicher haben noch viele andere gebetet. Der Tornado nahm die Form eines Korkenziehers an und drehte sich nach oben in die schwarze Wolke zurück. Ich habe so etwas noch niemals gesehen. Ich kniete hin und lobte Gott. Ich rief seinen Namen jauchzend in den Sturm.

Mein Gottvertrauen ist wieder stark. ER kann alles. ER kann auch die Probleme der Familie, die mir immer mehr ans Herz wächst, lösen. »Der Wolken, Luft und Winden gibt Wege, Lauf und Bahn, der wird auch Wege finden, da dein Fuß gehen kann.« Paul Gerhardt. Die Wolke der Zeugen.

Der Tornado war mir ein Zeichen wie die Feuersäule für Israel. Ich bin wieder still und klar.

Abends Fortsetzung der Rabengeschichte. Ich muß die Erzäh-

lung zu einem gute Ende bringen. Die Flugfeder muß wieder her. Ich kann es den Kindern nicht antun, daß der gute alte Rabe so armselig leben muß. Man darf es Kindern nie antun, daß das Leben düster wird. Obwohl – viele fliegen ohne Flugfedern. Ich denke bedrückt an Katharina und den Sohn zurück. Warum wurde ich so spät ein Christ?

Hier brach das Tagebuch des Arztes ab. Am nächsten Tag wurde das Heft von den Wassermassen mitgerissen. Warum hatte gerade Hella es gefunden?

Sehr vorsichtig legte sie die nassen Seiten zusammen. Man müßte das Heft in der Sonne trocknen, vielleicht auf eine Schnur hängen. Sie fühlte sich schuldig. Sie hatte unerlaubt einen Blick in die Seele dieses seltsamen Mannes getan. Er lebte aus Christus, wie sie nie gedacht hätte, daß dies möglich wäre.

»Guten Morgen!« sagte Serafims tiefe Stimme.

Sie sah erschrocken auf. Er stand neben ihr, nur mit der Badehose bekleidet, und lächelte zu ihr herab.

»Ich habe Ihr Tagebuch gelesen«, gestand sie. »Ich fand es im angeschwemmten Sand.«

Sie reichte ihm das Heft. Er war betroffen, sagte aber nichts. Er setzte sich auf die schwarzen Klippen. Wenn die Wellen besonders hart gegen das Gestein anliefen, benetzte die Gischt ihre Füße.

Serafim spricht mit Hella

Dr. Kolb ärgerte sich darüber, daß die Frau, die mit ihm sprechen wollte, nun von seinen Gefühlen und Gedanken wußte. Er machte diese Tagesnotizen, weil er mit niemandem sprechen konnte. Er schrieb so etwas nieder, um sich Klarheit zu verschaffen, und um sein schnell vergehendes Leben für sich selbst festzuhalten. Nicht für andere.

»Sie sind mir böse«, sagte Hella.

»Ja. Das heißt: nein. Es sei denn, daß das Weizenkorn in die Erde falle, so bleibt's allein.«

»Was meinen Sie damit?«

»Ein Christuswort. Ein Weizenkorn in einem Safe nützt nichts. Man muß sich einander aussetzen, wenn man einander helfen will. Nein, ich bin Ihnen nicht böse. Nun müssen aber auch Sie Ihre Probleme offenbaren, wenn unser Gespräch einen Sinn haben soll.«

»Ja«, stimmte sie zu. »Aber wir sollten von hier weggehen. Das Meer ist so laut, daß man fast schreien muß.«

Sie erhoben sich, gingen den Berg hinauf und bogen in einen Fußweg ein, der in die Macchia führte. Im Schatten eines pilzförmigen Busches ließen sie sich nieder. Sie saßen nebeneinander, ohne sich anzuschauen. Unter ihnen wogte das Meer. Hier oben hörte man es nur leise rauschen. Sie waren umgeben von wildem, nach dem Regen schon wieder grünendem Dorngestrüpp. Hella begann:

»Mein Leben wurde geknickt, als meine Eltern bei einem Autounfall in Spanien ums Leben kamen. Ich studierte damals im zweiten Semester Musik. Klavier und Schulmusik. Ich war – so meinte es wenigstens meine Lehrerin – begabt genug, um eine erfolgreiche Pianistin zu werden. Diesem Ziel lebte ich entgegen. Hoffnungsvoll.

Das alles wurde an einem einzigen Tag zerschmettert. Am 22. Juni 1961. Oft denke ich, der Todestag meiner Eltern sei auch der meine gewesen.

Da meine Eltern nach dem Krieg aus Sachsen herübergekommen waren, hatten wir hier keine Verwandten und kaum Freunde. Ich stand völlig verlassen da, und – wie es sich schnell herausstellte – auch völlig mittellos.«

»Wie alt waren Sie damals?« unterbrach sie Serafim.

»Neunzehn. Ich kannte Erich schon lange. Wir arbeiteten beide in der kirchlichen Jugendarbeit zusammen. Er half mir. Er nahm meine finanziellen Probleme in seine Hand. Er übernahm auch meine Schulden, die zuletzt übrigblieben, nachdem wir alles verkauft hatten, was die Eltern besaßen, auch den Flügel. Es war ein Steinway. Ich habe seither nie wieder Klavier gespielt.«

»Sie haben keines?« fragte Serafim.

»Womit sollten wir es kaufen?« antwortete Hella. »Ich war unendlich dankbar, daß Erich mich aufnahm. Wir wohnten bei seiner Mutter in ihrer kleinen Mietswohnung. Es war eine liebe Frau. Sie sagte oft: ›Kinder, liebt euch nicht zu sehr, damit ihr wieder auseinandergehen könnt!‹ Aber wir achteten nicht darauf. Ich war glücklich, daß ich einen Mann gefunden hatte, der mir eine Heimat bot. Nachts kam er zu mir. Ich war sehr glücklich. Damals.«

Sie schwieg, in die Erinnerung versunken. Die Dornen grünten tatsächlich schon wieder nach dem großen Regen.

Hella fuhr fort: »Wir heirateten noch im gleichen Jahr. Erich war sehr kirchlich. Er hielt es für ein Gebot Christi, nicht wild zusammenzuleben, sondern zu heiraten. Wir bestellten das Aufgebot und schlossen die Ehe auf dem Standesamt. Der Jugendkreis und der Kirchenchor bereiteten sich auf die kirchliche Trauung und ein schönes Fest vor, weil wir dort immer fleißig mitarbeiteten. Da starb Erichs Mutter. Erich schloß sich lange ein. Als er wieder zu mir kam, sagte ich: ›So können wir nicht heiraten. Angesichts des Todes.‹ Aber er sagte: ›Wir werden Mutter zur letzten Ruhe geleiten und dann heiraten. Der Tod ist das eine. Das Leben ist das andere.‹ Das war Erich. Damals.«

»Wie haben Sie das empfunden?« fragte Serafim.

»Wie ein frierendes Kind, das man in ein warmes Haus

hineinläßt. Wir feierten eine stille Hochzeit, eigentlich nur mit den Freunden aus der Kirchengemeinde. Erich wandte sich mir zu. Seine tote Mutter stand nie zwischen uns.«

»Das ist doch alles so schlecht nicht«, sagte Serafim. »Sie hatten den Mut zum Leben trotz des Todes. Warum heute nicht mehr?«

»Weil der Alltag alles mit seinem grauen Tuch zudeckte«, sagte sie bitter. »Ich jobte in einem Kaufhaus und kam abends mit müden Beinen nach Hause. Erich tat sich bei der Arbeit auch schwer. Wir waren beide oft mißmutig, wenn wir uns abends begegneten. Dann wurde Karin geboren. Elf Monate später Martin. Ich konnte nicht mehr ins Geschäft gehen. Damit wurde das Geld knapp. Erich wurde geizig. Er rechnete mir dauernd vor, daß ich da und dort billiger hätte einkaufen können. Aber wie ich einkaufte, danach fragte er nicht. Ein Kind im Kinderwagen, das andere auf dem Arm. Irgendwie mit beiden Kindern und der Einkaufstasche die vier Treppen hinunter, die vier Treppen hinauf. Wir hatten damals noch keine Waschmaschine und keinen Kühlschrank. Wegen jeder Windelwäsche in die Waschküche. Die Kinder band ich an Stuhllehnen fest, damit sie nicht in die Waschlauge fielen. Der Alltag machte mich fertig. Dann kam Bigi. Dann kam Dani.«

Serafim, der als Arzt solche Berichte oft gehört hatte, fuhr fort: »Und das Geld wurde immer knapper und die Aufgaben täglich größer und Ihre Kraft weniger und weniger.«

»Woher wissen Sie das?«

»Ich bin Arzt auf dem Lande.«

»Und abends kam Erich. Entweder rannte er sofort wieder fort in die Kirche, in der er alle möglichen Ämter angenommen hatte, oder er brachte eine Mappe voll von

Akten mit, die er noch bearbeiten mußte. Wenn die Kinder etwas von ihm wollten, sagte er: ›Wende dich an Mutter!‹ Wenn ich einen Wunsch hatte, sagte er: ›Dafür haben wir kein Geld.‹ Das Gespräch erlosch. Die Jahre vergingen. Siebzehn Jahre. Getreulich ging ich mit ihm sonntags in die Kirche. Aber ich hatte nichts davon. Oft vergingen Monate, ohne daß wir uns liebten. Dann war es enttäuschend. Ich ertrug alles, bis Karin größer wurde und sich gegen diese triste Art zu leben auflehnte. Sie steckte mich an. Sie setzte einen Stachel in meine Seele. Ich wollte nicht mehr. Ich wollte mein Leben losreißen und irgendwo irgendwie neu beginnen. Ich hoffte auf diese Reise. Aber hier wurde es noch schlimmer. Wir brachten uns selbst und alle unsere Probleme mit.«

Serafim fragte, als Hella schwieg: »Was wollen Sie, daß ich Ihnen sage? Soll ich Ihnen sagen: Reißen Sie sich los! Überlassen Sie Ihren Mann und Ihre Kinder ihrem Schicksal! Sie sind noch jung genug, um ein anderes Leben zu finden. Soll ich Ihnen das sagen?«

Hella sah müde zu Boden. Sie war enttäuscht. Nun würde wieder das alte Gerede kommen von Pflichterfüllung, dem Leben dienen, Gehorsam gegen Gott, das Weib sei untertan dem Manne.

Aber Serafim begann von sich zu erzählen:

Ich verstehe Sie. Ich bin wie Sie. Leute wie wir sind bereit, Lasten zu tragen. Aber wir brauchen auch das Schöne. Wenn wir das Schöne nicht mehr erleben, ist es nur eine Frage der Zeit, bis wir zusammenbrechen. Außer, wir lernen aus Christus zu leben. Ich habe es leider viel zu spät gelernt.

Als der Krieg ausbrach, war ich neunundzwanzig Jahre alt. Das Studium, die Promotion, der Wehrdienst lagen hinter mir. Ich arbeitete als Assistenzarzt in einem Krankenhaus in Berlin. Im August 1939 wurde ich zur Wehrmacht einberufen. Als Truppenarzt. Am 1. September begann der Krieg. Ich diente in einem Ärzteteam in einem Feldlazarett in Polen. Es war schlimm. Oftmals operierten wir mehr als zwanzig Stunden lang die verwundeten Männer. Deutsche und Polen. Viele starben unter unsern Händen.

Ich war preußisch erzogen worden und hatte mich von dem disziplinären Glanz der Wehrmacht blenden lassen. Ich dachte, es müßte so sein. Ich stand stramm. Ich hielt durch. Für die Heimat. Für Großdeutschland. So dachte ich. Aber es war unbeschreiblich entsetzlich. Jeder Politiker müßte Truppenarzt im Krieg gewesen sein, ehe es ihm erlaubt würde, eine Rede zu halten.

Im Mai 1940 begann der Frankreichfeldzug. Ich war jetzt Chef eines Lazaretts. Damit wurde mein Kampf um die Rettung der Verwundeten noch komplizierter. Ich war nicht nur für die direkte ärztliche Versorgung verantwortlich, sondern auch für den Nachschub, den Abtransport der Verwundeten, das ganze Funktionieren des Frontlazaretts. Ich bekam einen tüchtigen Oberfeldwebel, der mir das alles abnahm. Wir verstanden uns gut. Wir wurden sozusagen Freunde. Aber dann erschoß er sich. In einer finsteren Nacht, während ich operierte. Er hielt es einfach nicht mehr aus.

Im Mai 1941 wurden wir nach Polen verlegt. Am 22. Juni griffen wir die Sowjetunion an. Wir waren immer hinter der Front. Dann kam der Winter 1941/42! Dieser entsetzliche Winter. Was habe ich erfrorene Gliedmaßen amputiert. Die Kameraden tranken jetzt, was alkoholähnlich war. Ich trank nie.

Wir waren bei der 6. Armee. Am 15. August 1942 erreichten wir den Don. Das Lazarett war stets überfüllt. Ich weiß heute nicht, wie ich das schaffte, aber an vielen Tagen schlief ich kaum eine Stunde. Immerzu aufgerissene Leiber, Qual, Schreie und Sterben.

Einmal schlief ich während einer Beinamputation ein. Als ich auf dem Boden neben dem blutigen Tisch aufwachte, hatte eine Rotkreuzschwester die Operation vollendet. Sie sagte: »Herr

Oberstabsarzt, Sie sind nicht eingeschlafen. Die Operation ist erfolgreich verlaufen.« Das war Katharina.

Sie assistierte mir seit Wochen, ohne daß ich sie beachtet hätte. Ich sah sie an. Ich sah zum ersten Mal in ihrem übernächtigten Gesicht und in ihren geröteten Augen die nicht zu besiegende Tapferkeit, die ihr Wesen ausmachte. Sie rief zwei Sani, befahl, den Amputierten abzutransportieren und zu warten, bis der Herr Oberstabsarzt wieder arbeiten könne. Er sei zusammengebrochen. Sie führte mich in das Nebenzelt. Wir lagen damals in einem Wald am Don, nur in Zelten, den Donner der Geschütze immer in den Nerven.

Katharina befahl mir: »Legen Sie sich hin und schlafen Sie, bis ich Sie wecke. Sonst schlafen Sie noch im Dienst ein. Das ist, wie wenn man auf Wache schläft!«

»Aber«, sagte ich – ich weiß das Gespräch noch wörtlich, weil es unser erstes war und Katharina charakterisiert – »ich bin doch bereits beim Operieren eingeschlafen.«

Sie sah mir ernst in die Augen und sagte: »Sie sind nicht eingeschlafen. Sie brachen zusammen. Ohnmächtig geworden. Zu lange nichts gegessen. Das Blut. Der Gestank. Ist das klar? Ist das ganz klar? Wir brauchen keine Heldenidiotie. Wir brauchen einen guten Arzt!«

»Jawohl!« sagte ich.

Da legte sie ihre Hand auf meine Stirn, und ich schlief augenblicklich ein. Eine Stunde später legte sie ihre Hand wieder auf meine Stirn. Ich fuhr hoch. Sie sagte: »Ich brauche Sie, Doktor. Auf dem Tisch liegt ein Bauchschuß, den keiner retten kann außer Ihnen.«

Von diesem Tag an liebte ich Katharina. Mitten im Sterben das Leben. Wir klammerten uns aneinander wie Ertrinkende.

In einem Feldlazarett bleibt nichts geheim. Ich gab deshalb unsere Verlobung bekannt. Auch jenen Abend vergaß ich nie. Ich rief die Mannschaft in das große Zelt. In zwei langen Reihen lagen die versorgten Verwundeten nebeneinander, bis die Lkw's zum nächtlichen Abtransport kamen. Die Männer stöhnten und schrien. Und ich gab unsere Verlobung bekannt. Ich hatte in der Etappe zwei Kisten Wein organisiert. Der Spieß schenkte ihn aus. Er hob den Becher auf unser Glück. Er versuchte, eine Rede zu halten, fing aber nach den ersten Worten an zu heulen, schüttete den Wein in sich hinein, stand stramm und brüllte: »Heil Hitler!«

Im Delirium sang ein Verwundeter mit keuchender, pfeifender Stimme:

»Es ist ein Schnitter,
der heißt Tod
hat Gwalt vom lieben Gott.
Heut wetzt er das Messer,
es schneidt schon viel besser,
bald wird er drein schneiden,
wir müssen's nur leiden.
Hüt dich, schön's Blümelein.«

Er sang alle sechs Strophen. Der Spieß wollte den Delirenden zum Schweigen bringen. Er zischte ihn an: »Sei ruhig, du Depp, du damischer! Das ist eine Verlobung!« Aber der Verwundete sang weiter:

»Er macht so gar kein Unterschied,
geht alles in einem Schnitt,
der stolze Rittersporn
und Blumen im Korn
da liegens beisammen,
man weiß kaum den Namen.
Hüt dich, schön's Blümelein.«

Er schrie mehrmals und starb. Ich ließ wegtreten. Die Verlobung war zu Ende. Die Lastwagen kamen. Wir luden die Verwundeten auf.

In jener Nacht blieben wir allein.

Am andern Tag bekam Katharina mit der Feldpost die Nachricht, daß ihre Eltern und ihre Geschwister bei einem Bomben-

angriff auf Hamburg ums Leben gekommen waren. Sie operierte weiter mit mir zusammen, als sei nichts gewesen. Nur sprach sie kein Wort. Erst abends warf sie sich verzweifelt in meine Arme. Seither weiß ich, was Ehe ist: Jemand haben, wenn man niemanden sonst mehr hat. Eine Zelle des Lebens bilden. Und ob die Berge mitten ins Meer sänken. Und das habe ich vertan.«

Serafim hielt erschöpft inne. Er sah in den Dornbüschen die Bilder jener schrecklichen Jahre.

Hella saß zusammengekrümmt auf dem Boden, die Stirne auf die Knie gestützt, und begriff, daß alles, was ihr so unüberwindlich schwer deuchte, nichts war gegenüber dem, was andere erduldeten.

Serafim erzählte weiter: *Wir bekamen Heimaturlaub und fuhren Ende September 1942 nach Hause, nach Masuren zur Kriegstrauung. Viele Tage mit der Eisenbahn und ein Stück mit einer Kuriermaschine. Ich hatte für Katharina eine Versetzung in den Landdienst erreicht. Sie konnte diesen Dienst auf dem Gut meines Vaters leisten. Ich war Oberstabsarzt und Ritterkreuzträger und hatte schamlos meine Beziehungen spielen lassen. Mein Vater hatte mit Lebensmittelschiebungen nachgeholfen. So machten wir es möglich, daß Katharina aus der Zone des Todes herauskam.*

Ganze sieben Tage konnten wir zu Hause sein. Tage, schwer und süß. Tage im Paradies angesichts der Austreibung. Tage, in denen wir unsere Hochzeit feierten. Ein stilles Fest. Weil kein Pfarrer zu erreichen war, traute uns mein Vater. Er legte unsere Hände zusammen und sagte: »Bis daß der Tod euch scheide.« Damals sah ich sein Gesicht zum letzten Mal. Er war alt geworden. Seine Augen sahen müde in die Ferne. Er sah den Untergang kommen.

Wir sprachen in jenen sieben Tagen kein Wort über die Kriegslage oder über die Front. Kein Wort über die Partei oder über Hitler. Als ich anfangen wollte, deutete er auf Katharina und sagte: »Du hast nur sieben Tage.«

Er sprach auch kein Wort über Maruschka.

Als wir auf dem Bahnhof in Königsberg Abschied nahmen, sagte er: »Ich werde tun, was ich kann, aber ich werde nicht viel tun können. Gott beschütze uns alle!« Er weinte nicht, auch Katharina nicht. Die beiden paßten zusammen. Nur Mutter weinte zum Herzzerbrechen. Sie wußte, daß wir uns nie mehr sehen würden.

Ich fuhr an die Front. Es war eine weite Reise bis nach Stalingrad, das von der 6. Armee erobert worden war. In den Kellergewölben der zerstörten Stadt baute ich ein großes, durch unterirdische Gänge verbundenes Lazarett auf. Wir schufteten wie die Wilden, denn der Winter würde kommen und damit die Offensive der Russen. Am 19. November 1942 durchbrachen die sowjetischen Truppen die Front nördlich der Stadt. Am nächsten Tag brach die Großoffensive los. Zwei Tage später waren wir eingekesselt.

Was sich im Lazarett abspielte, möchte ich Ihnen nicht beschreiben. Zum Glück konnten wir noch viele Verwundete ausfliegen.

Wir hofften auf die Panzer und auf die Luftwaffe. Die Flüge wurden weniger, und die Panzer blieben in der russischen Abwehr und im Schnee, Befehl zum Rückzug. Rückzug auch in der Kalmückensteppe und an der Terekfront. Wir waren mit einer Viertelmillion Menschen verloren.

Am 8. Januar 1943 forderte uns die sowjetische Heeresleitung zur Kapitulation auf. Herr Hitler erlaubte die Kapitulation nicht. Die Russen traten zum Vernichtungskampf an. Der dauerte bis zum 31. Januar im Südkessel. Der Nordkessel hielt sich zwei Tage länger.

Ich wurde mit ungefähr einhundertzehntausend Kameraden in die Gefangenschaft getrieben. Auf unserer Seite fielen siebzigtausend Kameraden. Viele davon erfroren. Viele starben an Krankheiten. Und viele erschossen sich selbst. Wie vielen Russen dieser Wahnwitz das Leben gekostet hat, weiß ich nicht. O Gott, ich höre immer noch das Schreien der Verwundeten in den Kellergewölben, in denen es stank, daß man kaum atmen konnte.

Auf dem weiten Weg nach Sibirien starben nochmals viele. Vom Januar 1943 bis zum Juli 1949 war ich dort in Gefangenschaft. Wieder als Lagerarzt. Was dort geschah, möchte ich Ihnen nicht schildern. Daß ich fast sieben Jahre lang nichts von Katharina wußte, nicht, ob ich ein Kind hatte und ob es lebte, nicht, wie es meiner Familie erging, war das wenigste.

»Wie konnten Sie das ertragen?« fragte Hella. »Mehr als sechs Jahre Gefangenschaft! Wie konnten Sie das ertragen?«

»Ich weiß es nicht«, sagte Serafim. »Sklaven leben. Gefangene Tiere leben auch. Man stumpft ab. Die großen Erfolge waren, wenn man den Russen Medizin klauen und für die kranken Kameraden einsetzen konnte. Oder wenn man Ratten erwischte und sie aß. Oder wenn es einem gelang, einen Kameraden vom Selbstmord abzuhalten. Aber das war gefährlich, denn da wachte man aus der Stumpfheit auf.«

»Wenn man den Krieg dazuzählt, waren es zehn Jahre. Zehn Jahre. Wovon haben Sie gelebt?« fragte Hella wieder. Es erschien ihr unmöglich, solange so entsetzlich zu leben.

»Von der Abstumpfung und von der Hoffnung, die im Untergrund eine elementare Macht ist, wenn all die schönen und nichtigen Dinge, wie zum Beispiel das Klavierspielen, versunken sind. Wenn die Hoffnung sich an das Bild eines Brotlaibes hängt. Und die Hoffnung, einmal wieder richtiges Brot zu bekommen, die einen von Jahr zu Jahr weiterträgt.«

»Klavierspielen ist kein nichtig Ding!« begehrte Hella auf.

Serafim sah sie lange an. Dann sagte er: »Wenn man die Kameraden mit aufgerissenen Bäuchen in den Zeltplanen trägt und die Gedärme gefrieren, ist Klavierspielen ein nichtig Ding.«

Hella ließ den Kopf wieder sinken. »Ja«, sagte sie. »Dann ist Klavierspielen ein nichtig Ding. Sie wollen mir sagen, daß ich zufrieden sein soll mit dem, was übriggeblieben ist von meinem Leben.«

»Nein!« sagte er ernst. »Das will ich nicht sagen. Das gerade nicht. Lassen Sie mich weitererzählen, wie es mir ging. Das Schlimmste kommt erst noch.«

»Schlimmer als der Krieg? Schlimmer als Sibirien?« fragte sie.

»Ja«, antwortete er. »Ich habe die Schlacht im Frieden verloren.«

Im Sommer wurden wir nach Westen transportiert. Man gab sich plötzlich fürsorglich. Besseres Essen. Bessere Uniformen. Die Fahrt dauerte über vier Wochen. Ich konnte mich dabei schon etwas erholen und wog, als ich in einem Auffanglager bei Hannover untersucht wurde, immerhin fast wieder etwas mehr als fünfzig Kilo.

Ich hatte große Mühe, mich in der Freiheit zurechtzufinden. Die Menschen waren freundlich, zivil, hilfsbereit. Wie erhielten Zivilkleidung. Weiße Hemden. Eine Krawatte. Wir wurden unterrichtet über das, was wir nun wissen mußten. Wir hörten vom Grundgesetz und der Demokratie und der Deutschen Mark. Wir erhielten neue Papiere, Pässe, Bargeld. Es wollte nicht in meinen Kopf hinein. Ich schaute mich immer um, wo die Wache mit der Maschinenpistole versteckt sei. Aber es war keine da.

Ich wurde auf ein Amt geleitet, das die Zusammenführung vermißter Personen betrieb. Eine Dame bat mich, Platz zu nehmen. So etwas! Sie studierte meine Papiere und unendlich lange Listen. Dann sah sie auf und lächelte: »Das ist ja gut!« sagte sie. »Herr Doktor, Sie werden gesucht. Von Ihrer Frau. Frau Katharina Kolb.« Die Erde wankte. Katharina suchte mich. Sie lebte also. Sie lebte. Die Dame schrieb auf einer Maschine einiges auf und gab mir einen Zettel mit Katharinas Adresse. Sie fragte: »Sollen wir Ihre Frau hierherbitten, um Sie abzuholen?«

»Nein«, sagte ich. »Ich fahre hin zu ihr. Und danke!« Ich wurde in ein anderes Zimmer geleitet. Dort suchte jemand für mich die Zugverbindungen von Hannover ins Fichtelgebirge aus einem Fahrplan heraus. Ich ging zum Bahnhof. Ganz allein. Ohne Bewachung. Ich fuhr zu ihr. Es war ein alter Zug, der die Luftangriffe überstanden hatte. Seine Räder ratterten über die alten Schienen. Mein Kopf dachte immer: Sie lebt. Sie lebt. Sie sucht mich. Aber ich war noch nicht zu einem Gefühl der Freude fähig.

Dann stand ich an einem Sommerabend vor einem grün gestrichenen Haus am Rande eines kleinen Dorfes im Fichtelgebirge. Um das Haus ein Garten, in dem Gemüse wuchs und Blumen. Um den Garten ein Zaun aus Holzlatten, auch grün gestrichen. Ich sah auf die Hausnummer und auf den Zettel in meiner Hand. Das mußte ein Irrtum sein.

Da öffnete sich die Tür, und ein schlanker Junge kam zögernd auf mich zu. Er forschte in meinem Gesicht. Er fragte: »Bist du mein Vater?«

Er sah aus, wie ich auf meinen Kinderbildern.

Ich fragte: »Wie heißt du?«

Er antwortete: »Georg Kolb. Und wie heißt du?«

Ich antwortete: »Jakob Kolb!«

Da sprang er an mir hoch mit einem Glücksruf, den ich nie vergessen werde. Seine Arme preßten sich um meinen Hals. Er flüsterte mir ins Ohr: »Dann muß ich jetzt den Vers sagen. Mutter hat mir gesagt, wenn du nach Hause kommst, muß ich den Vers sagen:

Wir haben jeden Tag für dich gebetet.
Wir haben jeden Tag von dir geredet,
weil du der einzige Stern an unserm Himmel bist.«

Da hörte ich Katharina meinen Namen rufen. Ich war zu Hause.

Katharina päppelte mich auf. Ich kam wieder zu Kräften. Ich muß Gott für die Gesundheit danken, die er meinem Körper schenkte, so daß ich keinen ernstlichen Schaden erlitten hatte.

Katharina hatte Übermenschliches geleistet. Als sie mit meiner Familie auf der Flucht war, im Januar 1945, wurde der Treck von der Front überrollt. Alle meine Angehörigen sind verschollen, aber Katharina verbarg sich mit dem noch nicht zweijährigen Kind in einem Schneeloch, bis es dunkel wurde. Dann floh sie durch die Schneewälder und die Front nach Westen. Sie überstand das Kriegsende und landete schließlich in dem kleinen Dorf. Sie arbeitete als Lehrerin, obwohl sie überhaupt keine Ausbildung hatte. Der Dorfarzt war gefallen. Sie fand in der Praxis Unterschlupf. Sie machte alles planvoll. Als die Wohnungsnot geringer wurde und die Arztfamilie wegzog, mietete Katharina das ganze Haus. Als man wieder Farbe kaufen konnte, strich sie es grün an und renovierte Zimmer um Zimmer. Der Junge half ihr. Sie wußte, daß ich kommen würde. Sie haben jeden Tag von mir geredet.

Die Praxis war eingerichtet. Weit und breit gab es keinen Arzt. Ich konnte sofort beginnen. Stellen Sie sich das vor. Das war Katharina.

»So tapfer wäre ich nicht gewesen«, sagte Hella. »Wenn man an jene Tage denkt! Nichts zu essen. Nichts zu kaufen. Wohnungsnot. Flüchtlingselend. Und Katharina schaffte das alles her. In vier Jahren. So tapfer! Und Sie?«

Und ich. Ich eröffnete die Praxis. Katharina gab ihren Schuldienst auf und wurde meine Sprechstundenhilfe. Sie empfing die Patienten und nahm die Telefonate entgegen. Sie machte die Abrechnungen mit den Kassen und den ganzen Papierkram. Sie führte die Kasse. Sie machte meinen Tagesplan. Ich konnte mich ganz den Patienten widmen und medizinisch studieren. Ich hatte viel aufzuholen. Katharina freute sich den ganzen Tag. Die Leute liebten sie. Unser Sohn wuchs heran zu einem glücklichen jungen Mann. Er lernte leicht und streifte viel durch die Wälder.

Wir kauften einen VW und einen Jeep, damit wir beide in dem oft unwegsamen Gelände zurechtkamen. Der Junge pflegte die Fahrzeuge. Wir hatten eine glückliche Zeit. Manchmal fragte Katharina: »Weißt du noch?« Und wir dachten zurück an die schlimmen Zeiten. Wir waren dankbar. Etwa zehn Jahre lang. Vielleicht begann es auch schon früher.

Serafim mochte nicht mehr weiter erzählen.

»Was begann?« fragte Hella.

»Ich muß es Ihnen sagen«, stöhnte er.

Ich muß es Ihnen sagen, sonst wissen Sie es nicht. Ich wurde unzufrieden. Unsere Praxis war bald überlaufen. Wir wurden die Vertrauensleute der Dörfler. Um sechs Uhr morgens füllte sich das Wartezimmer. Ich behandelte bis in die Nacht hinein. Dazwischen die Hausbesuche. Auch sonntags. Ich konnte kaum eine Nacht durchschlafen. Ich war der einzige Arzt in fünf Dörfern. Katharina war glücklich. Für sie war das Leben jetzt richtig, rund und sinnvoll. Auch finanziell ging es uns gut. Wir konnten das Haus kaufen. Wir konnten zwei Garagen anbauen. Aber mir wurde es zuviel. Die langen Winter mit dem vielen Schnee legten sich mir aufs Gemüt. Man nennt die Gegend dort das Bayerische Sibirien.

In mir staute sich Bitterkeit an. Es gelang nicht, einen weiteren Arzt in jene Gegend zu locken. Sie wollten in die Städte, wo das neue glänzende Leben pulsierte. Die ärmlichen Krankenstuben, der Armeleutegeruch stießen mich jetzt ab. Ich sehnte mich tief von innen heraus nach Schönheit. Aber immer nur: »Der nächste, bitte!«

Auf den Kongressen, die ich besuchte, um mich weiterzubilden, erzählten die Kollegen von ihren Reisen nach Finnland und Norwegen, nach Spanien und den USA. Und ich? Das Höchste der Gefühle war, wenn ich mit Katharina einmal in einem kleinen Café ein Stück Kuchen aß. Wir hatten keine Zeit für mehr.

Ich versuchte, die Bitterkeit vor Katharina zu verbergen. Sie war von unserem Leben sehr befriedigt. Und Georg war stolz auf uns. Er war fünfzehn, wurde sechzehn. Als er vom Gymnasium ein besonders gutes Zeugnis nach Hause gebracht hatte, schenkte ich ihm an seinem sechzehnten Geburtstag ein kleines Motorrad. Da stand der Junge auf und zitierte wieder jenen Vers, den einzigen, den Katharina jemals versucht hatte, den Vers, den er mir bei meiner Rückkehr gesagt hatte:

Wir haben jeden Tag für dich gebetet.
Wir haben jeden Tag von dir geredet.
Weil du der einzige Stern an unserm Himmel bist.

Katharina war ganz still vor Glück.

Aber ich träumte von einem andern Leben. Ich hatte erfahren, daß im Raum Nürnberg-Erlangen eine Praxen-Gemeinschaft als Modellversuch in einem Ärztehaus erstellt werden sollte. Mir erschien dies ideal. Mehrere Praxen in einem Haus. Geregelte Arbeitsteilung. Manche Abende frei. Mit Katharina ausgehen. Abends im Smoking ins Konzert. Theater. Filme. Gesellschaften. Man kann doch nicht immerzu nur arbeiten!

Ich trug Katharina diese Gedanken vor. Sie bat mich inständig, in unserem Dorf zu bleiben. Sie sprach von den Patienten, die auf uns angewiesen waren und uns vertrauten. Sie sprach von unserem Sohn, der hier seine Freunde und seine Pfadfindergruppe hatte und ein Waldkind geworden war. Sie sprach von sich. Sie sprach zum ersten Mal davon, wieviel Hoffnung und Anstrengung sie mit diesem grünen Haus verband, als ich noch in der Gefangenschaft war. Dieses Haus, in dem sie glücklich war.

Trotzdem verfolgte ich meinen Plan weiter. Im Januar 1960 traf ein Telegramm aus Nürnberg ein, möglichst sofort zu einer Besprechung zu kommen, die kurzfristig zwischen den interessierten Ärzten und Architekten vereinbart worden war. Draußen tobte ein starker Schneesturm. Katharina bat mich, nicht zu fahren, weil ich im Schnee steckenbleiben würde. Aber ich legte in der Garage die Schneeketten auf den neuen Mercedes, mit dem ich dort ankommen wollte, damit sie sahen, daß ich auch jemand *war. Als Katharina merkte, daß ich tatsächlich fahren würde, sank sie vor mir auf die Knie und flehte mich an, zu bleiben.*

Ich sagte – manches Wort vergißt man nie – ich sagte: »Ich war zehn Jahre lang im Krieg und in der Gefangenschaft. Ich will nicht mein ganzes Leben in der Gefangenschaft verbringen.«

Katharina schaute mich entsetzt an. Sie stand auf und ging in die Küche. Sie füllte die Thermosflasche mit heißem Kaffee und belegte mir Brote. Sie reichte mir die Wegzehrung, ohne ein Wort zu sagen. Sie sah mich auch nicht an. Sie sagte nicht Auf Wiedersehen, als ich fortfuhr.

In Nürnberg klappte die Sache nicht. An drei verschiedenen Tagen trafen wir uns, um zu verhandeln, konnten uns aber nicht einigen. In den Zwischenzeiten genoß ich das kulturelle Angebot der Stadt. Filme, Theater. Und am letzten Abend hörte ich Bachs »Kunst der Fuge«. Ich versuchte oft, Katharina telefonisch zu erreichen, aber zu meiner Beunruhigung nahm zu Hause niemand ab. Als die dritte Verhandlung wieder erfolglos verlaufen war, fuhr ich noch in der Nacht über die Autobahn wieder ins Fichtelgebirge hinauf. Es schneite immer noch. Die Räumfahrzeuge schafften es kaum mehr, eine Fahrspur freizuhalten. Es war eine bange, schwere Fahrt.

Zu Hause – zu Hause führte mich Katharina in das Totenzimmer des Sohnes. Er lag mit gefrorenem Gesicht im Sarg.

Katharina hielt die Totenwache und berichtete mir, was geschehen war. Es war, als ob nicht sie spräche, sondern eine fremde Stimme, die ihre Pflicht tat. Sie selbst war niemals mehr bei mir.

Kurz nachdem ich nach Nürnberg abgefahren war, erreichte Katharina ein Telefonanruf von einem abgelegenen Waldhof, wie es da oben viele gibt. Bei einer Schwangeren hatten die Wehen begonnen, und die Hebamme konnte in den Schneewehen nicht dorthin kommen. Georg war in seiner Pfadfindergruppe. Katharina nahm meine Bestecktasche, setzte sich in den Jeep und fuhr los. Sie kam im Schnee nicht weit. In den Verwehungen verfehlte sie eine Brücke und stürzte, sich mit dem Jeep mehrmals überschlagend, einen Abhang hinunter. Der Schnee lag meterhoch, und sie verletzte sich nicht. Sie arbeitete sich zu Fuß durch mannshohe Verwehungen bis zu jenem einsamen Hof. Sie stand der Mutter bei. Als der Tag anbrach, wurde in jenem Hof ein gesundes Kind geboren. Katharina versuchte, unseren Sohn telefonisch zu erreichen, aber der Schneesturm hatte die Telefonmasten geknickt. Am Morgen brachte sie der glückliche Vater zurück.

Auf dem Wohnzimmertisch fand sie neben ihrer Nachricht an Georg einen Zettel an sie: »Mutti, falls Du vor mir zurück bist, sorge Dich nicht. Ich laufe Dir mit den Skiern entgegen. Wenn wir uns verfehlen, kehre ich beim Hof um und treffe Dich hier.«

Er war nicht hier.

Katharina alarmierte den Förster, den Polizisten und dieser den Grenzschutz. Mit Skiern und Hunden suchten sie unseren Sohn. Sie brachten ihn tot. Er war gestürzt, hatte beide Beine gebrochen und war erfroren.

Während ich in Nürnberg das feine Leben suchte.

Die Beerdigung nahm ich kaum wahr. Ich versteinerte. Die Zeitung war des Lobes voll über die Doktorsfrau, die ein Kind und eine Mutter rettete, während ihr Mann zu einer dienstlichen Weiterbildung abwesend sein mußte. Das war Katharinas Formulierung gegenüber den Reportern. Die Zeitung war des Lobes voll darüber, daß ein Landarzt den einfachen Leuten an der Zonengrenze die beste Medizin bringen wollte. Sie war des Lobes voll über den jungen Mann, der sein Leben für seine Mutter einsetzte. Wir waren eine Idealfamilie des Fichtelgebirges geworden. Katharina deckte mich immer nach außen – wie damals, als ich bei der Operation eingeschlafen war.

Aber der Pfarrer sagte an Georgs Grab etwas anderes. Er war neu im Dorf. Er hatte ein Gesicht, wie es Sibirien modellierte. Er sprach von Christi durchgrabenen Händen. Ich wachte auf. Ich hörte seine Worte, als wären es Gottes Worte in meinen Ohren.

Von da an hörte ich ihn, so oft ich konnte: den Alten mit dem Sibiriengesicht. Er beerdigte auch Katharina.

Am Tage nach des Sohnes Beerdigung kam sie im weißen Kittel in die Praxis und arbeitete wie alle Tage zuvor. Aber sie blieb weit weg von mir. Der einzige Stern an ihrem Himmel war erloschen.

Zwei Jahre später starb sie. Am Lungenkrebs. Wir konnten ihr nicht helfen. Ich kämpfte um ihr Leben. Aber sie kämpfte nicht mit. Vielleicht starb sie am gebrochenen Herzen, nicht am Krebs. Wer weiß schon, wie Krebs und gebrochene Herzen zusammenhängen.

Der alte Pfarrer nahm als Totentext das Christuswort: Es sei denn, daß das Weizenkorn in die Erde falle, so bleibt's allein. Wenn es aber erstirbt, so bringt es viel Frucht.

Hunderte von Menschen weinten an Katharinas Grab. Jene junge Frau, deren Kind sie in der Todesnacht zur Welt gebracht hatte, führte das Kind zum Grabe. Das Kind hatte eine Blume in der Hand und warf sie hinunter auf Katharinas Sarg. Und niemand wußte, weder der Pfarrer noch das Kind, daß nicht Gott Katharina ausgesät hatte in die Erde, sondern daß diese beiden bösen Hände sie hinuntergestoßen hatten. Sie und den Sohn. Niemand weiß dies, nur du, Hella, nur du. Deine Kinder nennen mich Serafim, aber ich bin keiner. O Gott! Ich bin keiner.«

Der alte Mann stand auf und ging davon auf dem schmalen Weg durch die Dornen. Hella sah, daß sein mächtiger, alter, braungebrannter Körper zitterte wie Espenlaub im Sturm. Sie sprang auf und lief ihm nach und faßte seine Hand und sah zu ihm auf in seine trostlosen Augen.

»Serafim!« sagte sie. »O Serafim! Das Blut Jesu Christi, des Sohnes Gottes, macht uns rein von aller Sünde! Serafim! Das ist aus der Abendmahlsliturgie! Serafim! Aus der Abendmahlsliturgie!«

Seine Augen weiteten sich. Er nahm ihr Gesicht in seine

großen Hände, die Tausenden das Leben gerettet hatten und die Tausende nicht hatten retten können. Er küßte Hellas Stirn und sagte »danke« und ging fort.

Hella setzte sich wieder ins Gestrüpp. Sie brauchte Zeit, um zu weinen und zu Erich zurückzugehen. Zu Erich und Karin und Martin und Bigi und Dani.

Die Dornen grünten nach dem großen Regen.

Die siebte Gute-Nacht-Geschichte

An diesem Abend hatte Hella Angst vor der Gute-Nacht-Geschichte. Als sie in der Dämmerung mit ihrer Familie zu Serafims Zelt ging, fragte sie sich, was der, vom Schmerz seiner Schuld geschüttelte, alte Mann wohl erzählen würde.

Hella dachte, Serafim dürfe auf keinen Fall die Dunkelheit seiner Reue auf die Kinder übertragen. Kinder brauchten ein Happy-End. Und Erwachsene eigentlich auch. Hella wollte das Happy-End ihrer eigenen Geschichte erkämpfen. Noch war kein solches Unheil geschehen wie in Serafims Leben. Noch hatte sie es in der Hand, alles zum Guten zu wenden. Sie suchte im Gehen Erichs Hand und streichelte sie zärtlich.

Serafim empfing sie lächelnd, als sei nichts gewesen. Sie saßen wieder unter seinen Bäumen auf dem Boden, und er fragte: »Wo sind wir gestern stehengeblieben?«

»Da, als Fips die Flugfeder aus dem Habichtsnest holte!« antwortete Dani.

»Da, als Fips die Flugfeder in die Wunde in Kolks rechter Schwinge stieß!« sagte Hella.

»Aber man weiß noch nicht, ob sie anwächst«, sagte Erich.

»Und man weiß auch noch nicht, ob die beiden ihre Heimat behalten dürfen, oder ob sie aus dem Walde vertrieben werden«, sagte Martin.

»Ja, genau da haben wir gestern aufgehört. Nun hört das Ende der Geschichte:«

Als der neue Tag anbrach, war der alte Rabe Kolk sehr glücklich. Er hatte die Feder wieder. Sein Leben war nicht mehr hoffnungslos. Er konnte wieder fliegen. Eigentlich wollte er ganz still sitzen, damit der kleine Fips unter seinem Flügel nicht aufwachte, aber er hob die Schwinge und betrachtete sie, wie sie wieder ganz und geschlossen in ihrer schwarzen Pracht im Morgenlicht glänzte.

»He!« machte Fips. »Warum weckst du mich mitten in der Nacht?«

»Entschuldige«, sagte Kolk. »Schau dir meine Schwinge an! Wie sie glänzt!« Und er schwang sich in die Luft und flog empor, hinauf in den hellen Morgenschein, so hoch, daß ihn Fips kaum mehr sehen konnte.

Fips sah ihm glücklich nach. War das schön! O war das schön! Der liebe alte Kolk konnte wieder richtig fliegen! Aber plötzlich schloß Kolk die Flügel und ließ sich im Sturzflug zur Erde fallen. Knapp über den Gipfeln der Bäume fing er sich ab und zog eine große Schleife über den Wald und rief, so laut er konnte, seinen Warnruf: kora-kora-kora! Die Häher nahmen den Ruf auf, ebenso die Elstern. So drang die Warnung bis in das hinterste Dickicht. Die Singvögel verstummten. Die Haartiere versteckten sich, und die Wasservögel lockten ihre Jungen in das Schilf.

»Was ist los?« fragte Fips, als Kolk neben ihm landete. »Versteck dich!« befahl der Rabe. »Die Menschen kommen. Sie kommen mit großen Wagen, ähnlich den Wagen, die deinen Käfig trugen. Ich habe solche Wagen nie gesehen. Versteck dich in den Zweigen!«

»Du auch!« sagte Fips und faßte den Alten am Flügel und zog ihn ins Geäst.

Jetzt hörte man das häßliche Gebrumm schwerer Motoren. »Kommen sie wegen mir?« fragte Fips. »Hatte der König recht, daß sie sich rächen wollen, weil ich ihnen entfloh?«

»Ich weiß es noch nicht.«

»Wollen sie mich wieder fangen?«

»Ich weiß es noch nicht.«

Aus ihrem Versteck heraus beobachteten sie, wie große Fahrzeuge die Straße herauffuhren und in den Waldweg einbogen, der zur Grünen Wiese unter den Spitzen Felsen führte.

Es wurde still. Dann zersägte ein helles, schrilles, unerträgliches Surren die Stille des Waldes. Kolk reckte den Kopf aus den Zweigen. Vorne, am Rand des Waldes, kippte der Gipfel einer großen Tanne aus dem Horizont der Bäume. Ein vielfältiges Krachen erfüllte die Herzen der Tiere mit Angst.

»Sie töten die Bäume«, stöhnte der Rabe. »Sie nehmen uns die Heimat.«

Den ganzen Tag fällten sie Bäume. Am Abend luden sie die nackten Stämme auf die Langholzfahrzeuge. Entsetzt sahen die beiden auf der Großen Fichte, daß die Menschen die toten Bäume mitnahmen.

Die Sonne ging unter, aber keine Amsel flötete ihr Abendlied.

Kolk spähte argwöhnisch über den Wald. Er entdeckte ihn, den Grünen Mann. Der Grüne Mann schritt die Straße herauf und bog ebenfalls in den Waldweg ein, der zur Grünen Wiese führte.

»Flieg nicht auf«, warnte Fips. »Er wird dich töten.« Aber Kolk flog auf. Er strich zwischen den Wipfeln umher und rief seinen Warnruf: kora-kora-kora!

»Du bist schlau«, sagte Fips. »Du flogst ganz niedrig. Er konnte dich nicht sehen.«

»Ja. War doch gut. Der Kampf geht nie zu Ende. Er hört überhaupt nicht auf. Ob wohl alle Tiere begriffen haben, daß er da ist? Der Grüne Mann.«

»Laß mich zur Grünen Wiese«, bat Fips. »Die jungen Tiere

sind sehr dumm. Ich habe zwei Häschen gesehen, die haben die Ohren verknotet.«

Wenn man mit einem Rabenschnabel lächeln könnte, hätte Kolk gelächelt.

»Und?« fragte er.

»Ich habe ihnen einen Tannenzapfen auf den Rücken geworfen. Und die Krallen des Habichts stießen in die Erde.«

»Zieh los, mein Sohn!« sagte der Rabe rauh. »Du hast den Marder besiegt. Du hast die Feder geholt. Du hast die Hasen gewarnt. Zieh los! Und sieh, was du tun kannst. Du hast andere Waffen als ich. Aber«, er packte mit dem Schnabel den kleinen Affen an den Ohren, daß es weh tat, »nie fliehen! Wenn du still hältst, sieht er dich nicht!«

Fips verschwand geräuschlos. Der Mond kam wieder. Es wurde hell. Fips bewegte sich im Schatten der Äste von Baumkrone zu Baumkrone. Als er an der Grünen Wiese ankam, sah er die große Wunde des Waldes. Auf dem Boden lagen die abgehauenen Zweige der getöteten Bäume wie die Federn eines zerrissenen Vogels. Aus dem Holz tropfte das Harz.

Fips saß traurig in der Dunkelheit einer Buchenkrone und fragte sich, ob all dieser Schmerz seine Schuld wäre. Wenn er das gewußt hätte, wäre er lieber in der Gefangenschaft geblieben.

Er hörte die knackenden lauten Schritte des Grünen Mannes. Dieser kletterte im Nachbarbaum, einer mächtigen Eiche, in ein Baumhaus hinauf, das aussah, als wären es nur Zweige. Das Baumhaus des Grünen Mannes hatte ein Fenster zur Grünen Wiese hin. Aus diesem Fenster schob der Grüne Mann langsam sein Todesrohr hervor.

Fips dachte: Wenn jetzt jemand auf die Grüne Wiese geht, ist er verloren. Fips konnte niemand erkennen. Das Mondlicht war hell genug. Man hätte jede Maus gesehen.

Aber da kam er, der größte der Rothirsche, der König. Er stand auf der Wiese und besah sich die Wunde des Waldes, die die Menschen geschlagen hatten.

Verzweifelt beobachtete Fips, wie sich das Todesrohr auf den Hirsch richtete. Fips vergaß alle Bitterkeit, die in seinem jungen Herzen gegen den König war. Er sollte nicht sterben. Mit einem hellen Schrei sprang der junge Affe von seinem Ast in hohem Bogen auf das Todesrohr des Grünen Mannes und riß es mit sich nach unten. Ein ohrenzerreißender Knall jagte Fips weiter. Er rannte und rannte, in rasender Angst, ohne Sinn und Verstand, weiter und weiter, bis er unter eine Wurzel geriet und sich versteckte. Sein Herzchen klopfte zum Zerspringen. Er griff sich an den Kopf. So laut war das gewesen, so entsetzlich laut.

Als Fips ruhiger wurde, hörte er den Suchruf des Raben. Obwohl der Rabe bei Nacht nicht gut sah, flog er durch die Bäume und rief und rief nach Fips. Der erinnerte sich, daß es für ihn auf dem Boden zu gefährlich war, und kletterte in dem fremden Baum empor. Hilfesuchend bog er die großen Ahornblätter auseinander und rief nach Kolk. Als dieser des Jungen Ruf hörte, fand er ihn schnell und landete neben dem zitternden, ängstlichen Äffchen.

»Ich bin ja da«, sagte der Rabe mit tiefer Stimme. »Hab' keine Angst, ich bin ja da. Hat er auf dich geschossen?«

»Nein. Er wollte den König töten. Er richtete das Todesrohr auf den Hirsch. Da sprang ich hinunter. Ich sprang einfach auf das Todesrohr. Das knallte. O knallte das! Meine Ohren! Mein Kopf! Ich floh. Du hast es mir verboten. Aber ich floh und floh und floh.«

»Es ist gut, mein Junge«, sagte der Rabe. »Setz dich unter meinen Flügel und schlafe. Wir werden hier in diesem Baum übernachten. Morgen gehen wir nach Hause. Morgen, wenn du wieder Kraft haben wirst.«

Die ganze Nacht träumte Fips von dem schwarzen Todesrohr und dem entsetzlichen Knall, während der Rabe wachte und sich unruhig fragte, was dem König geschehen war.

Als der Himmel im Osten ein wenig hell wurde, weckte Kolk den Jungen, und sie zogen vorsichtig durch die Baumkronen nach Hause. Als sie zur Großen Fichte kamen, trat der König aus der Dunkelheit des Waldes. Er sah empor und rief: »Menschentierjunges! Du hast den Marder besiegt. Du hast den Habicht besiegt. Du hast auch den Grünen Mann besiegt. Du hast mir das Leben gerettet. Komm und wohne bei mir.«

Fips sah den alten Raben fragend an. Dessen Krallen umfingen krampfhaft den Zweig, auf dem er saß. Er nickte dem Jungen zu. »Geh, mein Junge. Geh! Es ist dein Leben.«

Fips kletterte an der Großen Fichte hinunter auf die Erde. Er sah forschend zu dem großen König empor. Da neigte der Hirsch sein Haupt bis zur Erde und sagte: »Reite in meiner Krone!« Fips sprang in das gewaltige Geweih des Hirsches. Er trug ihn fort in ein neues Leben. Sie sahen sich beide nicht um nach dem Raben, dem Alten, der einsam im Wipfel der Großen Fichte saß.

»Und dann konnten sie alle im Wald bleiben«, stellte Bigi fest und klatschte in die Hände.

»Und Fips durfte immer beim König wohnen«, sagte Dani erleichtert. »Ich bin froh. Das ist schön!«

Sie bedankten sich bei dem Erzähler und gingen zu ihrem Zelt bergan. Karin sagte traurig: »Das war kein Happy-End. Da sitzt nun der alte Rabe auf der Großen Fichte, und Fips dreht sich nicht einmal nach ihm um.«

Erich strich seiner Tochter über die langen seidenweichen Haare. »Ich finde«, sagte er nachdenklich, »das Ende war glücklich genug. Mehr war nicht drin. Der Rabe hat sein Ziel erreicht; dem Jungen das Leben zu öffnen. Wenn wir, Mutti und ich, einmal in einem Pflegeheim sitzen werden und wissen dürfen, daß ihr alle vier einen Platz in der Welt gefunden habt, an dem ihr leben könnt, werden wir ganz zufrieden sein. Hoffentlich haben wir dann einander noch.«

»Warum nicht?« sagte Hella und griff nach ihres Mannes Hand. »Es gibt nur eine Möglichkeit, die uns trennen könnte. Das ist der Tod.«

Abends am Strand

Als Bigi und Dani schliefen, kochte Karin einen warmen Tee, denn es war nach der Witterungsänderung kühl geworden, und servierte ihn vor dem Zelt.

»Ich muß morgen Katzenmann zurückrufen«, sagte Erich. »Während du heute morgen weg warst, kam ein Anruf aus Frankfurt. Er fragte, ob ich in Zukunft die Disposition der Züge übernähme. Er hat jemand für die Buchhaltung.«

Hella legte ihre Hand auf seine und fragte: »Ist das schlimm oder gut?«

»Nun ja. Es wird mehr Ärger bringen. Aber ich habe vor dem Urlaub beides gemacht. Die Disposition und die Buchhaltung. Eines allein schaffe ich immer. Und er hat mir tausend Mark mehr geboten. Der spinnt.«

»Tausend pro Monat?« fragte Martin begeistert.

»Ja.«

»Du solltest das nur annehmen, wenn es dich nicht gesundheitlich schädigt«, sagte Hella. »Wir brauchen dich noch! Wir wollen gerne sparen, wenn du gesund bleibst.«

»Ich habe schon angenommen«, sagte Erich. »Dann war da noch was: Katzenmann sagte mir, daß er mir eine Prämie als Anerkennung zahlen wolle. Viertausend oder entsprechend bezahlten Urlaub.«

Hella sagte sofort: »Nimm das Geld. Dann hast du keine solch bitteren Sorgen mehr.«

Aber Erich schüttelte den Kopf. »Ich habe entschieden: Wir bleiben bis zum letzten Tag, an dem uns die Schule nach Hause zwingt!«

»Erich!«

»Dad!«

Karin stand auf und trat aus dem Schein der Gaslaterne. Dort fragte sie: »Dad, warum hast du so entschieden?«

»Nun ja«, sagte Erich. »Als Serafim heute abend erzählte, daß der Rabe gleich am nächsten Tag, nachdem ihm Fips die Flugfeder wieder einsetzte, hoch hinauf geflogen ist, hatte ich Sorge, die Feder könne wieder herausgerissen werden. Es ging ja gut. Aber ich möchte das nicht riskieren. Wir brauchen noch ein wenig Zeit, ehe der Alltag uns wieder packt.«

»Dad«, sagte Karin. »Du mußt mir verzeihen. Ich habe dich falsch eingeschätzt. Ganz falsch. Verzeihst du mir?«

»Red nicht solche Dinge«, sagte Erich. »Es ist alles gut.« Er schlug vor, noch ein wenig »Mensch-ärgere-dich-nicht« zu spielen. Hella holte das Spiel. Sie mußten sehr leise spielen, denn die Lichter in den andern Zelten und Wohnwagen erloschen.

Als das Spiel zu Ende war, gingen die großen Kinder zur Ruhe. Hella schmiegte sich an ihren Mann: »Gehst du mit mir noch hinunter ans Meer?« fragte sie leise.

»Ja«, flüsterte er. »Das tun wir.«

Eng umschlungen gingen sie die breite Fahrstraße zum Strand hinunter. Der Sand war feucht. Sie zogen die Schuhe aus und schritten barfuß am Meer entlang. Vorne bei den Klippen brannte ein kleines Licht.

»Was ist das?« fragte Hella.

»Ich weiß nicht«, antwortete Erich. »Schauen wir nach. Man weiß hier nie, was geschieht.«

Sie gingen dem Licht entgegen. Als sie nahe bei den Klippen waren, erkannten sie, selbst in der Dunkelheit verborgen, daß es eine Kerze war, die im Winde flackerte. In dem eng umgrenzten Schein der kleinen Flamme kniete der Arzt, mit seinem gelben Trainingsanzug bekleidet, und las Gottes Wort. Vor ihm stand ein Plastikbecher. Daneben lag ein Stück Brot. Jetzt legte er die Bibel weg und brach das Brot und sprach: »Der Leib unseres Herrn Jesu Christi ist auch für mich gebrochen.«

Er aß das Brot, langsam kauend. Er wandte sich in die Richtung, in der sich das Ehepaar unerkannt glaubte, und sagte: »Kommt, denn es ist alles bereit. Schmecket und sehet, wie freundlich der Herr ist.«

Erich und Hella traten aus der Dunkelheit und knieten neben Dr. Kolb nieder. Er reichte jedem ein Stück Brot und sagte: »Christus spricht: Nehmet, esset, das ist mein Leib, der für euch gebrochen ist. Solches tut zu meinem Gedächtnis.«

Sie aßen das Brot und dachten an Christus, den Gekreuzigten. Und sie nahmen die Heilung an.

Dann ergriff der Arzt den Becher und trank daraus. Er reichte ihn Hella und sprach: »Das Blut Jesu Christi, des Sohnes Gottes, macht uns rein von aller Sünde. Trinket daraus und seid dankbar. Hörst du, Hella, sei dankbar! Und du, Erich, sei nicht geizig!«

Sie tranken daraus. Sie beteten und nahmen die Gnade Gottes an. Alle drei. Dann sagte Serafim: »Geht jetzt in euer Zelt. Siehe, Erich, das ist deine Frau. Siehe, Hella, das ist dein Mann.«

Ein Windstoß löschte die Kerze aus.

Das Ehepaar ging zu seinem Zelt. Sehr leise, damit die Kinder sie nicht hörten.

Serafim verabschiedet sich

Als Familie Haller am nächsten Tag vor dem Zelt frühstückte – übrigens sehr spät, fast schon am Mittag, denn sie hatten lange und glücklich geschlafen –, blubberte Serafims BMW heran. Sie war voll beladen. Er trug seinen weißen Motorradanzug. Nur den Helm hatte er noch auf dem Tank liegen.

Serafim stellte den Motor ab. »Ich möchte mich verabschieden«, sagte er. Es fiel ihm schwer. Er sah von einem zum andern.

»Muß das sein?« fragte Hella. »Müssen Sie wirklich schon zurück in das Bayerische Sibirien?«

»Ja. Ich habe einen Kollegen in unserem Haus, den ich ablösen will. Er hat schulpflichtige Kinder und braucht auch Urlaub. In zwei Tagen beginnen die Schulferien in Bayern.«

Sie standen traurig bei ihm. Sie suchten nach Worten der Liebe.

»Ich danke Ihnen!« sagte Karin.

»Ich auch!« sagte Hella.

»Können Sie nicht noch einige Tage bleiben«, bat Martin. Serafim schüttelte den Kopf.

Da sagte Erich: »Wir danken Ihnen für die Gute-Nacht-Geschichten. Nur – mit dem Schluß waren unsere Kinder nicht zufrieden. Sie meinten, es sei nicht recht gewesen, daß Fips den Raben so allein ließ. Er hätte ihn wenigstens manchmal besuchen können. Meinen Sie nicht auch?«

»Nun ja«, sagte der alte Mann. »Doch. Das hätte man so erzählen können. Es wäre schön gewesen, wenn Fips den Raben manchmal besucht hätte. Es wäre sogar sehr schön gewesen.«

»Aber – wie soll man den alten Raben besuchen, wenn man nicht weiß, wo die Große Fichte im Fichtelgebirge steht?« fragte Erich.

Die beiden Männer sahen sich in die Augen. Serafim griff in die Tasche und überreichte Erich seine Adresse.

»Danke!« sagte Erich.

Der Arzt zögerte, als sei jede Sekunde in diesem Kreis kostbar. Dann sagte er: »Ich habe da noch ein Problem. Die Kollegenfamilie in meinem Haus braucht mehr Platz.

Die Kinder werden größer. Ich sollte ihnen noch eines von meinen Zimmern geben. Aber darin steht ein Klavier. Ich könnte es ja verkaufen, aber unser Sohn hat darauf das Klavierspielen gelernt. Und unser Sohn ist tot. Ich gebe das nicht gerne in fremde Hände. Aber wenn vielleicht Karin oder Martin darauf das Spielen lernen möchten, das würde mich freuen.«

Er sah Hella an.

»Das würden wir gerne kaufen, das heißt, wenn wir es bezahlen können. Manche Klaviere sind ja sehr teuer«, sagte Erich.

»Es würde natürlich nichts kosten. Ich würde nur darum bitten, daß Sie es abholen. Sie sind doch wohl bei einer Speditionsfirma.«

»Das können wir nicht annehmen.«

»Bitte. Wenn ich weiß, daß nicht fremde Leute darauf spielen, sondern Ihre Kinder... Sie rufen mich an, ehe Sie kommen?«

»Ja.«

Serafim setzte sich den Helm auf. »Dann also«, sagte er. »Und auf Wiedersehen im Fichtelgebirge.«

Sie sahen ihm nach, bis er an der Wegbiegung ihren Augen entschwand.

»Danke, Erich!« sagte Hella.

»Er erinnert mich an Melchisedek, diese seltsame Gestalt aus dem Alten Testament, diesen König des Friedens, der Abraham Brot und Wein reichte, als dieser erschöpft aus der Schlacht kam«, sagte Erich nachdenklich.

»Wo steht das?« fragte Martin.

»Im ersten Buch Mose. Irgendwo vorne. Bei den Abrahamgeschichten.«

Martin ging, um in seiner Bibel zu suchen. Nach Melchisedek, dem Priester des Allerhöchsten.

Als die Familie nach Serafims Abschied zum Schwimmen ging, entdeckten sie, daß am Westende des Sandstrandes eine orangefarbene Fahne wehte. Sie wanderten dorthin, um zu sehen, was das bedeutete.

Eine Schule für Windsurfing hatte ihren Betrieb aufgenommen. Ein Italiener und ein Deutscher, die erkannten, wo Leute bereit waren, Geld für etwas Schönes auszugeben.

Erich sah, daß Karin und Martin mit sehnsüchtigen Augen die jungen Leute betrachteten, die mit den bunten Segeln, auf weißen Brettern stehend, über die Wogen glitten.

»Das ist schön«, sagte Erich. »Wollt ihr das lernen?«

Hella glaubte, ihren Ohren nicht zu trauen. Gespannt beobachtete sie, wie in den Gesichtern ihrer Großen etwas aufblitzte, sich aber sofort verschloß und beide zur gleichen Zeit laut nein sagten.

»Warum nicht?« fragte Erich.

»Weil es zu teuer ist«, sagte Martin. »Der Kurs kostet vierundsechzigtausend Lire. Mal zwei! Das sind dreihundert Mark! Das können wir nicht bezahlen.«

»Natürlich nicht«, sagte Erich. »Wir müssen den Preis herunterhandeln.« Er nahm Dani und Bigi an die Hand und ging mit seinen vier Kindern auf den italienischen Surflehrer zu. Erich redet auf diesen ein wie ein Wasserfall, in Deutsch, Englisch, Französisch und schließlich mit den wenigen Brocken Italienisch, über die er verfügte, von viele Bambino und kein Geld.

Die schwarzen Augen des Italieners bekamen einen barmherzigen Glanz. Er rief seinen deutschen Kollegen herzu. Der gab nach. Karin und Martin bekamen den Surfkurs zum halben Preis.

Karin fiel ihrem Vater um den Hals. Sie küßte ihn auf beide Wangen. »Du bist der Größte!« Dann rannte sie weg, denn der Kurs begann.

Die Eltern schlugen ihr Lager nahe am Wasser auf, von wo aus sie sowohl die Kleinen beaufsichtigen als auch den Großen beim Surfen zusehen konnten. Erich klopfte mit einem Stein in aller Ruhe den Schaft des Sonnenschirms in den Sand und spannte den unentbehrlichen Schattenspender auf. Sie legten sich darunter in den Sand und sahen ihren Kindern zu.

Hella sagte: »Das hätte ich nicht von dir gedacht.«

»Was? Daß ich den Preis herunterhandelte?«

»Nein. Nein. Sondern, daß du den Urlaub verlängert hast und für die Freude der Kinder Geld ausgibst. Du bist so anders, so wie damals.«

»Du bist auch anders. Du hast mich wieder lieb.«

»Wir haben beides hergegeben, du den Geiz und ich die Unzufriedenheit. Beim Abendmahl in den Klippen.«

»Ja.«

Dann sagte Hella: »Schlaf ein wenig. Ich achte auf die Kleinen.«

Erich schlief ein, tief und lange. Als er aufwachte, lag Hella neben ihm und lächelte ihm zu. Der Surfkurs war zu Ende. Karin und Martin spielten mit Bigi und Dani.

Hella flüsterte: »Hast du schon einmal ausgerechnet, was es kostet, wenn ein Kind dem Rauschgift verfällt?«

»Nein.«

»Das Herzblut der Eltern und das Leben des Kindes.«

Er fragte: »Hast du schon einmal ausgerechnet, was eine Scheidung kostet?«

»Nein.«

»Man kann damit zehn Reisen nach Elba finanzieren.«

Er streckte seine Hand aus. Sie legte ihr Gesicht darauf.